Roman Schneider

# Das Kinderziehung 1x1

## Was Du beachten solltest, wenn Du das erste Kind bekommen hast

Roman Schneider

# DAS KINDERERZIEHUNG 1X1

Was Du beachten solltest, wenn Du das erste Kind bekommen
hast

Bibliografische Information der Deutschen Nationalbibliothek: Die Deutsche Nationalbibliothek verzeichnet diese Publikation in der Deutschen Nationalbibliografie; detaillierte bibliografische Daten sind im Internet über http://dnb.dnb.de abrufbar.



Verlag: BoD · Books on Demand GmbH, Überseering 33, 22297 Hamburg, bod@bod.de

Druck: Libri Plureos GmbH, Friedensallee 273, 22763 Hamburg

ISBN: 978-3-7693-5604-5

# INHALT

---



Liebe frischgebackene Eltern,

herzlichen Glückwunsch! Du hast es geschafft – neun Monate Schwangerschaft sind vorbei, die Geburt ist überstanden, und jetzt hältst Du dieses kleine Wesen in Deinen Armen. Ein Wunder! Ein Wunder, das jetzt völlig legal Dein Zuhause, Deinen Schlaf, Deine Beziehung und Deine gesamte bisherige Existenz auf den Kopf stellen wird.

Keine Panik! Genau dafür hältst Du jetzt dieses Buch in Deinen übermüdeten Händen (vermutlich um 3:17 Uhr morgens, während Du versuchst, nicht über dem schreienden Baby einzuschlafen).

Dieses Buch verspricht Dir nicht, dass Du nach der Lektüre alles im Griff haben wirst. Wer das behauptet, lügt oder hat selbst keine Kinder. Was ich Dir aber versprechen kann: Du wirst lachen (manchmal hysterisch), Du wirst Dich verstanden fühlen, und Du wirst erkennen, dass Millionen Eltern vor Dir diesen Wahnsinn überlebt haben – und die meisten sogar mit einem Lächeln im Gesicht.

Die Wahrheit ist: Kindererziehung folgt keiner exakten Wissenschaft. Sie ist eher wie Improvisationstheater, bei dem Du die Hauptrolle spielst, aber niemand Dir das Drehbuch gegeben hat. Und Dein Publikum – das Baby – ist der kritischste Zuschauer der Welt, der jederzeit lautstark Feedback geben kann.

Also schnall Dich an, halte Deinen Kaffee (kalt, weil Du ihn dreimal aufgewärmt und trotzdem vergessen hast) bereit und tauche ein in die verrückte, wunderbare, erschöpfende, herzerweichende Welt der Kindererziehung.

Übrigens: Falls Du dieses Buch mit einer Hand liest, während Du mit der anderen ein Baby wiegst, den Schnuller suchst oder eine Windel wechselst – Respekt! Du bist schon auf dem besten Weg, ein Multitasking-Meister zu werden.

Alles Liebe und viel Durchhaltevermögen, Dein Autor (der alles selbst durchgemacht hat und trotzdem noch tippen kann)

---

Kapitel 1: Die ersten Tage – Oder: Wie man mit offenen Augen
schläft

**Willkommen in der Zeitlosigkeit**

Die ersten Tage mit Baby sind wie ein Aufenthalt in einer anderen Dimension. Zeit verliert jede Bedeutung. Es gibt keinen Montag oder Freitag mehr, sondern nur noch "Tag" und "Nacht" – wobei beide seltsamerweise genau gleich aussehen, nämlich wie eine endlose Abfolge von Füttern, Windeln wechseln und verzweifelten Versuchen, das kleine Wesen zum Schlafen zu bringen.

Du wirst Dich dabei ertappen, wie Du auf die Uhr schaust und denkst: "Ist es wirklich erst 10 Uhr morgens? Ich habe das Gefühl, dieser Tag dauert bereits 37 Stunden."

**Das Krankenhaus-Heimkehr-Paradoxon**

Es gibt diesen magischen Moment, wenn Du mit Deinem Baby aus dem Krankenhaus nach Hause kommst. Du stehst in Deinem Wohnzimmer, das Baby im Arm, und plötzlich trifft Dich die Erkenntnis: "Die lassen mich tatsächlich mit diesem winzigen Menschen allein! Ohne Anleitung! Ohne 24-Stunden-Hebammen-Hotline!"

Das ist der Moment, in dem Du realisierst, dass die Natur einen perversen Sinn für Humor hat. Für den Führerschein brauchst Du monatelangen Unterricht und mehrere Prüfungen – für ein Kind lediglich funktionierende Fortpflanzungsorgane und neun Monate Wartezeit.

**Die Besucherflut managen**

In den ersten Tagen wirst Du mehr Besuch bekommen als in den letzten fünf Jahren zusammen. Jeder will "nur kurz" das Baby sehen. Diese "kurzen" Besuche werden sich anfühlen wie Marathonsitzungen, bei denen Du:

1.  Lächeln musst, obwohl Deine Gesichtsmuskeln vom Schlafmangel betäubt sind

2.  Höflich Kommentare wie "Das Baby sieht aber gar nicht wie Du aus!" ertragen musst

3.   Kaffee und Kuchen servieren sollst, während Du selbst kaum zum Zähneputzen gekommen bist

4.   Detaillierte Geburtsberichte abgeben sollst (aber bitte nicht ZU detailliert, sonst wird der Onkel zweiten Grades beim Kaffeetrinken blass)

**PRO-TIPP:** Erstelle einen Besuchsplan! "Ja, ihr könnt gerne kommen – am 15. Juni 2025 zwischen 14:00 und 14:07 Uhr wäre perfekt."

## Die neue Normalität

In diesen ersten Tagen wirst Du eine neue Version von "normal" kennenlernen:

- Normal ist es, ein Gespräch fünfmal zu unterbrechen und dann zu vergessen, worüber ihr eigentlich geredet habt.

- Normal ist es, stolz auf WhatsApp zu verkünden, dass Dein Baby heute einen besonders beeindruckenden Stuhlgang hatte.

- Normal ist es, mitten im Satz einzuschlafen.

- Normal ist es, die gleiche Jogginghose drei Tage hintereinander zu tragen, weil... wozu umziehen?

- Normal ist es, dass Du Dich über drei zusammenhängende Stunden Schlaf mehr freust als über Deinen letzten Gehaltsbonus.

## Die Kunst des Einhandbedieners

Du wirst erstaunlich schnell zum Meister der Einhandbedienung. Plötzlich kannst Du mit einer Hand:

- Eine komplette Mahlzeit zubereiten

- Dein Smartphone bedienen

- Dich anziehen (zumindest teilweise)

- Eine Windel wechseln

- Eine Netflix-Serie auswählen (meistens eine, die Du schon kennst, weil Du ohnehin nach fünf Minuten einschläfst)

Das erste Mal Dein Baby baden fühlt sich an, als würdest Du versuchen, einen mit Olivenöl eingeriebenen Fisch festzuhalten, während Du gleichzeitig einen Bombenentschärfungskurs absolvierst. So viel Vorsicht hast Du noch nie in Deinem Leben aufgebracht – nicht einmal, als Du zum ersten Mal den teuren Kristall Deiner Schwiegermutter abgewaschen hast.

**REALITÄTS-CHECK:** Babys sind überraschend robust. Solange der Kopf über Wasser bleibt und die Wassertemperatur stimmt, wird alles gut gehen.

### Der emotionale Achterbahnfahrt-Modus

In den ersten Tagen wirst Du emotionale Höhen und Tiefen erleben, die Dich an Deine Teenagerzeit erinnern – nur ohne die Pickel (hoffentlich):

- Moment 1: "Ich bin die glücklichste Person der Welt! Dieses Baby ist ein Wunder!"

- Moment 2: "Was habe ich mir dabei gedacht? Ich kann ja nicht mal meine Zimmerpflanzen am Leben erhalten!"

- Moment 3: "Ist das normal, dass das Baby so aussieht/riecht/klingt?"

- Moment 4: "Ich würde für dieses kleine Wesen sterben."

- Moment 5: "Wenn es jetzt nicht aufhört zu schreien, verkaufe ich es auf eBay."

- Moment 6: Zurück zu Moment 1.

### Handy-Akku-Management – Die neue Überlebensfähigkeit

Dein Smartphone ist jetzt Deine Lebensader. Es ist Deine Uhr, Dein Baby-Monitor, Dein Notizblock für Fütterungszeiten, Deine Verbindung zur Außenwelt, Deine Kamera für 5.387 fast identische Babyfotos pro Tag und Dein Google-Zugang für dringende Fragen wie "Ist grüner Babystuhl normal?" um 3 Uhr morgens.

**ÜBERLEBENSTIPP:** Besorge Dir Powerbanks. Mehrere. Und lade sie, wann immer Du die Gelegenheit hast. Ein totes Smartphone in der Mitte der Nacht mit einem schreienden Baby ist ein moderner Horrorfilm.

## Fazit für die ersten Tage

Die ersten Tage mit einem Baby sind wie der Sprung in ein kaltes Schwimmbecken: schockierend, atemraubend, aber man gewöhnt sich daran. Und irgendwann – vermutlich irgendwann zwischen der zehnten durchwachten Nacht und dem fünfzehnten Windelwechsel des Tages – bemerkst Du, dass Du nicht mehr ganz so panisch bist.

Du schaffst das! Milliarden Menschen vor Dir haben es auch geschafft, und die hatten nicht einmal YouTube-Tutorials zum Wickeln oder Online-Shopping für Notfall-Schnuller um Mitternacht.

Und denk immer daran: Diese Phase geht vorbei. Leider auch die süßen Momente. Also genieße sie zwischen den Schreiphasen und den Windel-Explosionen. Mach viele Fotos (aber nicht nur mit Snapchat-Filtern, Dein Kind wird Dir später dafür danken) und erinnere Dich selbst daran: Eines Tages wirst Du zurückblicken und – kaum zu glauben – diese chaotischen ersten Tage vermissen.

Zumindest ein bisschen.

Kapitel 2: Die Grundausstattung – Was Du wirklich brauchst (und was nur die Industrie Dir einreden will)

**Die Baby-Industrie: Dein neuer bester Feind**

Herzlichen Glückwunsch! Mit der Zeugung Deines Kindes hast Du Dich unbewusst für ein Premium-Abo der "Baby-Industrie-will-Dein-Geld-ALL-Inclusive-Mitgliedschaft" angemeldet. Ab sofort werden Dir Algorithmen und Werbung überall einreden wollen, dass Dein Kind ohne den neuesten, teuersten, organischsten, pädagogisch wertvollsten ALLES nicht überleben wird.

Lasst uns einen tiefen Atemzug nehmen und uns daran erinnern: Die Menschheit hat es geschafft, sich fortzupflanzen und zu überleben, lange bevor es atmungsaktive Bambuswindeln, Schnullerthermometer und Kinderwagen mit Bluetooth-Lautsprechern gab.

**Was Du WIRKLICH brauchst**

**Für das Baby:**

1. **Schlafplatz:** Ein sicherer Ort zum Schlafen. Das kann ein Babybett, eine Wiege oder ein Beistellbett sein. Hauptsache sicher und stabil. Nein, es muss nicht aussehen wie ein Märchenschloss mit eingebauter Sternenlichtprojektion.

2. **Kleidung:** Einige Body, Strampler, Mützchen und Söckchen. Plane für häufiges Wechseln wegen diverser Körperflüssigkeiten, die Dein Baby überraschend zielsicher verteilen wird. Die Designerkollektion kann warten, bis das Kind alt genug ist, um nicht mehr alles vollzuspucken (also etwa... nie?).

3. **Windeln:** Ob Stoff oder Einweg, Du wirst viele davon brauchen. VIELE. Kaufe mehr, als Du denkst. Dann verdopple diese Zahl.

4. **Pflegeprodukte:** Feuchttücher, sanfte Seife, etwas Wundcreme. Das war's. Die 17-Schritte-koreanische Baby-Hautpflegeroutine ist optional und vermutlich vollkommen überflüssig.

5. **Nahrung:** Brust oder Flasche (oder beides). Wenn Du stillst, brauchst Du vielleicht ein Stillkissen und Stilleinlagen. Wenn Du mit der Flasche fütterst, brauchst Du Flaschen, Sauger und gegebenenfalls Milchpulver. Die 300€ teure elektrische Flaschenzubereitungsstation mit App-Steuerung? Eher Luxus als Notwendigkeit.

6. **Transportmittel:** Ein vernünftiger Kinderwagen und/oder eine Babytrage. Du brauchst nicht den SUV unter den Kinderwagen, außer Du planst regelmäßige Expeditionen durch unwegsames Gelände.

**Für Dich:**

1. **Koffein:** In welcher Form auch immer Du es bevorzugst. Falls Du stillst, benutze es maßvoll.

2. **Unterstützung:** Menschen, die Dir helfen. Menschen, die das Baby für eine Stunde nehmen, damit Du duschen/schlafen/weinen/einfach nur starr an die Wand schauen kannst.

3. **Humor:** Dein wichtigstes Überlebenswerkzeug. Die Fähigkeit, über explodierende Windeln lachen zu können, wird Dich retten.

4. **Eine gute Streaming-Abonnement:** Für die endlosen Nächte, in denen Du wach bleibst.

**Was Du NICHT brauchst**

1. **Babyschuhkollektion:** Dein Baby wird nicht laufen, bis es etwa ein Jahr alt ist. Bis dahin sind teure Schuhe so sinnvoll wie ein Regenschirm für einen Fisch.

2. **Designerkleidung:** Sie wird innerhalb von Minuten mit verschiedenen Körperflüssigkeiten dekoriert sein.

3. **Die elektrische Nasensauger-Deluxe-Version:** Die einfache Handpumpe tut es auch.

4. **Windelwärmer:** Außer Du möchtest Dein Baby an den Luxus gewöhnen, was es Dir später beim Campingurlaub übel nehmen wird.

5. **Jedes Spielzeug, das als "pädagogisch wertvoll" beworben wird:** In den ersten Monaten ist ein buntes Tuch oder Dein Gesicht das faszinierendste Spielzeug überhaupt.

6. **Eine perfekt eingerichtete Instagram-taugliche Babyzimmer-Landschaft:** Das Baby wird es nicht zu schätzen wissen, und Du wirst zu erschöpft sein, um Fotos davon zu machen.

## Das Gesetz der Baby-Anschaffungen

Es gibt ein universelles Gesetz, das besagt: "Je teurer der Baby-Artikel, desto höher die Wahrscheinlichkeit, dass Dein Baby ihn hasst." Du kaufst eine teure Babywippe? Dein Kind wird schreien, sobald es hineingelegt wird. Die handgewebte, biologische Krabbeldecke für 150€? Wird konsequent gemieden zugunsten des alten Handtuchs, das Du auf dem Boden ausgebreitet hast.

## Die Gebraucht-Strategie

Hier ist ein Geheimnis, das die Baby-Industrie nicht hören will: Babysachen müssen nicht neu sein! Babys wachsen so schnell, dass viele Dinge kaum benutzt werden. Die meisten Second-Hand-Artikel sind in ausgezeichnetem Zustand, und Du sparst eine Menge Geld und Ressourcen.

Ausnahmen: Matratzen (aus Hygienegründen) und Autositze (aus Sicherheitsgründen, es sei denn, Du kennst die komplette Historie).

## Die "Wachsen mit dem Baby"-Philosophie

Einige Anschaffungen können sich lohnen, wenn sie "mitwachsen":

- Der Hochstuhl, der sich in einen normalen Stuhl verwandeln kann

- Das Babybett, das zum Kinderbett wird

- Kleidung mit Umschlägen, die aufgefaltet werden können

## Der Windel-Wirtschaftsplan

Falls Du Einwegwindeln benutzt, solltest Du Dich mental und finanziell auf etwa 6-10 Windeln PRO TAG in den ersten Monaten einstellen. Das sind, Trommelwirbel bitte, etwa 2.000-3.000 Windeln im ersten Jahr! Zeit, über Großpackungen oder Abonnements nachzudenken.

Bei Stoffwindeln ist die Anfangsinvestition höher, aber langfristig kannst Du sparen – vorausgesetzt, Du hast Frieden mit Deiner Waschmaschine geschlossen, die nun zu Deinem engsten Verbündeten wird.

**Die minimalistische Baby-Überlebensstrategie**

Falls Du Dich von der Flut an Baby-Gadgets überwältigt fühlst, hier der minimalistische Ansatz: Beginne mit dem absoluten Minimum. Du kannst immer noch etwas kaufen, wenn Du merkst, dass Du es wirklich brauchst.

Das Baby braucht:

- Nahrung

- Wärme

- Sauberkeit

- Sicherheit

- Liebe

Alles andere ist optional.

**Fazit zur Grundausstattung**

Die beste Grundausstattung für ein Baby ist nicht die teuerste oder umfangreichste, sondern diejenige, die zu Eurem Leben passt und es einfacher macht. Vertraue Deinem Instinkt, nicht dem Instagram-Influencer, der zufällig einen Rabattcode für den neuesten Baby-Gadget hat.

Und wenn Du mal unsicher bist: Frage Eltern, die diesen Weg schon gegangen sind. Sie werden Dir ehrlich sagen, dass der elektrische Flaschenwärmer mit WiFi-Anbindung in der Schublade verstaubt, während der einfache Beißring das wertvollste Objekt im Haushalt wurde.

Denk daran: Das wertvollste Geschenk für Dein Baby bist Du – Deine Aufmerksamkeit, Deine Fürsorge, Deine Liebe. Und die gibt's nicht bei Amazon.

**Willkommen in der Schlaflosigkeits-Zone**

Zu den vielen Überraschungen, die ein Baby mit sich bringt, gehört die Erkenntnis, dass Schlaf plötzlich zu einer Art Luxusgut wird – vergleichbar mit einer Designertasche oder einem Sportwagen. Du weißt, dass es ihn gibt, Du siehst andere Menschen, die ihn genießen, aber für Dich bleibt er irgendwie unerreichbar.

Aber keine Sorge! In diesem Kapitel lernst Du, wie Du mit minimal Schlaf überlebst und gleichzeitig verhinderst, dass Du in wichtigen Meetings einschläfst oder versehentlich den Autoschlüssel in den Kühlschrank legst.

## Die Schlafmythen des Neugeborenen

Bevor wir tiefer eintauchen, sollten wir einige gängige Mythen über Babyschlaf entlarven:

**Mythos 1: "Babys schlafen 16-18 Stunden am Tag."**
**Realität:** Ja, aber in 20-minütigen Intervallen, vorzugsweise wenn Du gerade versucht hast, ein warmes Essen zu dir zu nehmen oder selbst die Augen zu schließen.

**Mythos 2: "Nach einigen Wochen schläft das Baby durch."**
**Realität:** Definiere "durchschlafen". Für manche Babys bedeutet das tatsächlich 8 Stunden, für andere bedeutet es "nur" 2–3-mal pro Nacht aufwachen statt stündlich.

**Mythos 3: "Das Baby schläft, wenn es müde ist."**
**Realität:** Manche Babys kämpfen gegen den Schlaf an, als wäre er ihr ärgster Feind. Sie können gleichzeitig offensichtlich erschöpft sein UND sich mit aller Kraft gegen das Einschlafen wehren.

**Die verschiedenen Baby-Schlaftypen**

Babys kommen mit unterschiedlichem Schlafverhalten zur Welt. Du könntest eines der folgenden Modelle erwischt haben:

1.  **Der Traumschläfer:** Dieses seltene Exemplar schläft tatsächlich längere Strecken und ist relativ leicht wieder zum Einschlafen zu bewegen. Falls Du so ein Baby hast, bitte halte es geheim vor anderen Eltern, um keine feindseligen Gefühle zu wecken.

2.  **Der Powernapper:** Schläft intensiv, aber nur für 20-30 Minuten. Danach ist die Batterie wieder voll aufgeladen und bereit für weitere Stunden der Unterhaltung – Tag oder Nacht spielen keine Rolle.

3.  **Der Bewegungsabhängige:** Schläft nur bei konstanter Bewegung ein. Du erkennst Eltern dieses Typs an ihrem gut trainierten Bizeps vom stundenlangen Wiegen und an der kreisförmigen Abnutzung in ihrem Teppich.

4.  **Der Geräuschempfindliche:** Wird vom leisesten Knacken eines Parkettbodens oder dem Umblättern einer Zeitschrift geweckt – aber schläft problemlos durch das Martinshorn eines vorbeifahrenden Krankenwagens.

5.  **Das Partyanimateur-Baby:** Verwechselt Tag und Nacht konsequent. Tagsüber: schlummert friedlich. Nachts um 2 Uhr: Zeit für Gymnastik, Gesangseinlagen und philosophische Gespräche!

## Die Kunst des Mikro-Schlafs

Da durchgehender Schlaf nun der Vergangenheit angehört, ist es Zeit, die Kunst des Mikro-Schlafs zu meistern:

- Lerne, in 3-Minuten-Intervallen zu schlafen, während Du das Baby hältst.

- Entwickle die Fähigkeit, im Stehen zu dösen, während Du das Baby wiegst.

- Perfektioniere das "Eine-Auge-offen-Schlafmanöver", bei dem Du technisch gesehen schläfst, aber trotzdem das Baby beobachten kannst.

**WICHTIGER HINWEIS:** Bitte sorge trotz aller Erschöpfung immer für eine sichere Schlafumgebung – sowohl für Dich als auch für Dein Baby. Einschlafen mit dem Baby auf der Couch kann gefährlich sein!

## Schlafroutinen – Die heilige Suche

Du wirst feststellen, dass die Suche nach der perfekten Schlafroutine zur Mission Deines Lebens wird. Du wirst Bücher wälzen, Foren durchforsten und jede "garantiert funktionierende" Methode ausprobieren. Diese Methoden umfassen, aber sind nicht beschränkt auf:

- Das Baden-Buch-Bett-Ritual
- Die 5-S-Methode (Swaddling, Side/Stomach position, Shushing, Swinging, Sucking)
- Das Tragen bis zum Umfallen
- Das Singen bis zur Heiserkeit
- Das Autofahren im Schlafanzug um 3 Uhr morgens
- Das Staubsauger-weiße-Rauschen-Wunder
- Das "Lass-uns-einfach-aufgeben-und-Netflix-schauen"-Verfahren

## Das "Schlaf, wenn das Baby schläft"-Paradoxon

"Schlaf, wenn das Baby schläft" ist der meistgehörte Ratschlag für neue Eltern. Er ist auch der unrealistischste. Denn wenn das Baby endlich schläft, ist das genau der Moment, in dem Du:

1. Endlich duschen kannst
2. Die angehäuften Wäscheberge bekämpfen musst
3. Etwas essen möchtest, das nicht kalt ist oder einhändig gegessen werden muss
4. Schnell die 47 ungelesenen Nachrichten beantworten willst
5. Den Zustand Deiner Wohnung realisierst und verzweifelt aufräumst
6. Einige Minuten in Stille genießen möchtest, ohne dass jemand an Dir hängt

Und schon ist die kostbare Schlafzeit des Babys vorbei, ohne dass Du auch nur die Augen geschlossen hast.

## Die nächtlichen Verhandlungen

Die Nacht wird zur Bühne für Verhandlungen zwischen Dir und Deinem Partner, die an internationale Friedensgespräche erinnern:

"Wenn Du jetzt aufstehst, stehe ich beim nächsten Mal auf." "Ich bin mir SICHER, dass ich beim letzten Mal aufgestanden bin." "Okay, ich stehe auf, aber dann schuldest Du mir einen Kaffee und 20 Minuten ungestörten Badezimmeraufenthalt."

**PRO-TIPP:** Führe ein Logbuch, wer wann aufgestanden ist, um 3 Uhr morgens geführte Debatten zu vermeiden.

## Das Mysterium des Eltern-Supergehörs

Eines der erstaunlichsten Phänomene, das Du entwickeln wirst, ist das "Eltern-Supergehör". Du wirst in der Lage sein:

- Das leiseste Wimmern Deines Babys durch zwei geschlossene Türen und über laufenden Fernseher hinweg zu hören

- Zwischen "Ich-bin-müde-Weinen" und "Ich-bin-hungrig-Weinen" zu unterscheiden

- Den Unterschied zwischen "Ich-drehe-mich-nur-im-Schlaf" und "Ich-wache-gleich-auf"-Geräuschen wahrzunehmen

Gleichzeitig entwickelst Du die merkwürdige Fähigkeit, den Wecker, Türklingeln und Anrufe Deiner Mutter komplett zu überhören.

## Schlaf-Ratschläge und wie man damit umgeht

Du wirst mit einer Flut von Ratschlägen zum Babyschlaf konfrontiert werden. Hier einige typische Beispiele und wie Du innerlich darauf reagieren darfst:

**Die ältere Dame im Supermarkt:** "Zu meiner Zeit haben wir einfach ein bisschen Whiskey auf den Schnuller getan!"

**Deine innere Antwort:** "Und deshalb haben wir jetzt diese Probleme, Gertrude."

**Die kinderlose Freundin:** "Warum bringst Du dem Baby nicht einfach bei, durchzuschlafen?"
**Deine innere Antwort:** "Warum bringst Du Deinem Kaktus nicht bei, Ballett zu tanzen?"

**Der Kollege:** "Bei uns hat immer die Routine geholfen. Exakt 19:30 Uhr ins Bett, nie Ausnahmen!"
**Deine innere Antwort:** "Faszinierend. Mein Baby kann noch keine Uhr lesen."

**Die Schwiegermutter:** "Du verwöhnst das Kind zu sehr! Lass es schreien!"
**Deine innere Antwort:** [Zensiert]


### Das Licht am Ende des Tunnels

Hier ist die gute Nachricht: Es wird besser! Wirklich! Irgendwann wird Dein Kind schlafen – vielleicht nicht heute, vielleicht nicht morgen, aber eines Tages. Und dann wirst Du mit Verwunderung feststellen, dass Du drei, vier, vielleicht sogar fünf Stunden am Stück geschlafen hast und Dich fühlst wie ein Superheld.

Und wenn Dein Kind schließlich regelmäßig durchschläft, wirst Du Dich dabei ertappen, wie Du mitten in der Nacht aufwachst und besorgt zum Babybett eilst, nur um zu prüfen, ob alles in Ordnung ist. Ja, die Ironie des Elternseins: Erst kann man nicht schlafen, weil das Kind wach ist, dann kann man nicht schlafen, weil das Kind zu ruhig ist!

### Fazit zum Thema Schlaf

Schlafmangel ist eine der größten Herausforderungen der frühen Elternschaft. Es ist normal, es ist vorübergehend, und es ist etwas, das alle Eltern durchmachen. In der Zwischenzeit: Kaffee, Geduld, Humor und die Gewissheit, dass irgendwann – in einer fernen, mystischen Zukunft – auch Du wieder acht Stunden am Stück schlafen wirst.

Bis dahin: Willkommen im Club der Schlafwandelnden! Die Mitgliedschaft ist zwar unfreiwillig, aber die Gemeinschaft ist groß und verständnisvoll.

## Die große Entscheidung: Brust oder Flasche?

Eine der ersten und oft emotionalsten Entscheidungen, die Du treffen wirst, ist die zwischen Stillen und Flaschenfütterung. Hier ist, was niemand Dir vorhersagt: Egal welche Entscheidung Du triffst, jemand wird sie für falsch halten und Dir das auch mitteilen wollen.

Die Wahrheit ist: Die beste Ernährung für Dein Baby ist die, die funktioniert – für Dich UND für Dein Baby. Punkt.

**Option 1: Das Stillabenteuer**

Wenn Du Dich fürs Stillen entscheidest, herzlichen Glückwunsch zur Wahl der "natürlichen" Option, die ironischerweise für viele alles andere als natürlich oder einfach ist!

**Was Dir die Stillberaterin nicht sagt:**

1. **Der Anfang kann schmerzhaft sein.** "Leichtes Unbehagen" kann sich anfühlen wie "Jemand reibt meine Brustwarzen mit Sandpapier ab".

2. **Es gibt eine Lernkurve – für beide Seiten.** Dein Baby wurde ohne Bedienungsanleitung geboren und muss erst lernen, richtig anzudocken.

3. **Du wirst Dich fühlen wie eine Milchkuh.** In den ersten Wochen kann es sein, dass Du fast rund um die Uhr stillst. Wenn Du Dich fragst, ob Du etwas anderes tun sollst als stillen – die Antwort ist: Nein, nicht wirklich.

4. **Milcheinschuss ist kein Witz.** Stell Dir vor, jemand hat über Nacht zwei schmerzhafte Bowlingkugeln in Deinem Brustkorb installiert.

5. **Du wirst über Deine Brüste in der dritten Person sprechen.** "Wir haben heute zweimal aus der linken und dreimal aus der rechten Seite getrunken."

## Stillen in der Öffentlichkeit – Ein Soziologie-Experiment

Stillen in der Öffentlichkeit ist Deine Chance, herauszufinden, wie es sich anfühlt, gleichzeitig unsichtbar und skandalös zu sein:

- Manche Menschen werden durch Dich hindurchsehen, als wärst Du nicht da.

- Andere werden Dich anstarren, als würdest Du gerade eine Live-Performance moderner Kunst aufführen.

- Wieder andere werden anerkennend nicken, als hättest Du gerade den Nobelpreis für Mutterschaft gewonnen.

- Und ein paar werden Dir ungefragt erklären, warum Du es falsch machst/an der falschen Stelle machst/zu lange machst/zu kurz machst...

**PRO-TIPP:** Ein gut platziertes Stillkissen und ein entschlossener Blick können Wunder wirken.

### Option 2: Das Flaschen-Abenteuer

Die Flaschenfütterung hat ihre eigenen Herausforderungen und Freuden:

### Was niemand über Flaschenfütterung sagt:

1. **Die Auswahl an Flaschen ist überwältigend.** Anti-Kolik, Anti-Blähungen, naturnah, klassisch, Glas, Plastik, mit Ventilen, ohne Ventilen... Du wirst zum Flaschenexperten werden.

2. **Dein Baby könnte eine starke Meinung haben.** Es könnte alle Flaschen ablehnen, außer der einen teuren Marke, die Du als letzte probierst.

3. **Die Zubereitung im Halbschlaf ist eine Herausforderung.** Um 3 Uhr morgens die richtige Milchmenge abzumessen, kann sich anfühlen wie höhere Mathematik.

4. **Du wirst ständig zählen.** Milliliter, Unzen, Stunden seit der letzten Fütterung... Dein Leben wird eine Gleichung.

5. **Du wirst kreativer Flaschenwärmer.** Ob unter der Achsel, im heißen Wasser oder mit speziellen Geräten – das Erreichen der perfekten Temperatur wird zur Mission.

**Die Freiheit der Flasche**

Die gute Nachricht bei der Flaschenfütterung: Sie bietet Flexibilität!

- Andere Menschen können beim Füttern helfen (Partner, Groß-eltern, nette Fremde in Notfällen...).

- Du weißt genau, wie viel Dein Baby getrunken hat (obwohl das auch zu neuen Sorgen führen kann).

- Du kannst tatsächlich mal länger als drei Stunden das Haus verlassen.

**Der heimliche dritte Weg: Die Kombination**

Viele Eltern entdecken, dass eine Kombination aus Stillen und Flasche für sie am besten funktioniert. Diese Lösung wird von Extremisten beider Lager missbilligt, ist aber für viele Familien der goldene Mittelweg.

## Der Übergang zu fester Nahrung – Neue Dimensionen des Chaos

Irgendwann, normalerweise um den sechsten Monat herum, wird es Zeit für feste Nahrung. Das bedeutet:

1. **Noch mehr Entscheidungen:** Brei oder Baby-Led Weaning? Selbstgemacht oder gekauft? Bio oder konventionell?

2. **Eine neue Definition von "Sauberkeit":** Deine Vorstellung von "sauber" wird sich drastisch ändern. Wenn nur 60% des Essens auf Wänden, Decke, Boden, in Haaren und Ohren des Babys landen, gilt das als Erfolg.

3. **Gesichtsausdrücke, die Du nie vergessen wirst:** Die erste Begegnung Deines Babys mit einer Zitrone, Brokkoli oder Avocado wird Dich für den Rest Deines Lebens zum Lächeln bringen.

4. **Essensreste überall:** Du wirst Karottenstückchen an Orten finden, von denen Du nicht einmal wusstest, dass sie existieren.

## Die Kunst des Essensaufräumens

Mit dem Beginn fester Nahrung wird die Reinigung nach dem Essen zu einer olympischen Disziplin:

**Bronze-Niveau:** Mit einem feuchten Tuch über das Gesicht des Babys wischen.

**Silber-Niveau:** Baby, Hochstuhl und unmittelbare Umgebung (1-Meter-Radius) reinigen.

**Gold-Niveau:** Systematische Dekontamination von Baby, Hochstuhl, Boden, Wänden, Deiner Kleidung, plus Staubsaugen und Wischen des Bodens.

**Platin-Niveau:** Alles oben Genannte plus das Auffinden und Entfernen der mysteriösen Essensreste, die irgendwie in Babys Windel, Ohren, Haare und Deinen BH gelangt sind.

Die meisten Eltern entscheiden sich für "ausreichend sauber", was bedeutet: alles, was nicht krabbelt oder klebt, kann bis morgen warten.

## Ernährungsratschläge von allen Seiten

Sobald es um Babyernährung geht, hat jeder eine Meinung:

**Oma:** "Zu meiner Zeit haben wir den Kindern schon mit drei Monaten Brei gegeben, und sie haben alle überlebt!"

**Der kinderlose Freund mit Ernährungszertifikat:** "Hast Du sichergestellt, dass der selbstgemachte Spinat-Quinoa-Brei kaltgepresst und mondgeweiht ist?"

**Die andere Mutter aus der Krabbelgruppe:** "Wir geben unserem Jayden nur Lebensmittel, die wir persönlich aus unserem vertikalen Bio-Garten geerntet haben."

**Dein Partner:** "Können wir nicht einfach Pizza bestellen?"

## Fazit zur Babyernährung

Ob Brust, Flasche oder eine Kombination aus beidem – die Ernährung Deines Babys wird einen großen Teil Deines Lebens in den ersten Monaten ausmachen. Es ist wichtig zu wissen: Es gibt keinen perfekten Weg, nur den Weg, der für Dich und Dein Baby am besten funktioniert.

Und das Wichtigste: Wenn Dein Baby gedeiht, zunimmt und gesund ist, machst Du alles richtig – egal, was die selbsternannten Experten im Internet, im Supermarkt oder in Deiner Familie dazu sagen.

## Willkommen in der Windel-Dimension

Herzlichen Glückwunsch! Als frischgebackenes Elternteil verbringst Du jetzt einen beträchtlichen Teil Deines Lebens damit, die untere Hälfte eines kleinen Menschen zu reinigen, zu pflegen und neu zu verpacken. Was in Deinem früheren Leben ein automatischer, kaum beachteter Vorgang war – die Ausscheidung – ist nun ein zentrales Gesprächsthema und ein fester Termin in Deinem Tagesablauf.

## Die verschiedenen Windel-Typen

Bevor wir ins Detail gehen, lass uns die beiden Hauptkategorien von Windeln betrachten:

### Einwegwindeln:

**Vorteile:** Bequem, saugstark, kein Waschen nötig. **Nachteile:** Ständiges Nachkaufen, Umweltaspekte, kann teuer werden.

### Stoffwindeln:

**Vorteile:** Umweltfreundlicher, langfristig kostengünstiger, oft hautfreundlicher. **Nachteile:** Waschen, waschen und noch mehr waschen. Anfangsinvestition. Steile Lernkurve mit Begriffen wie "Prefolds", "Snappis" und "Wollüberhosen".

**Die Wahrheit:** Viele Eltern landen bei einem pragmatischen Mittelweg: Stoffwindeln zu Hause, Einwegwindeln unterwegs oder nachts. Oder sie starten enthusiastisch mit Stoff und wechseln nach der dritten explosiven Windel zu Einweg. Beide Wege sind vollkommen legitim!

### Die Evolution der Windelwechsel-Fähigkeiten

### Phase 1: Neugeborenen-Panik

Bei Deinem ersten Windelwechsel wirst Du Dich fühlen, als müsstest Du eine Bombe entschärfen: vorsichtige Bewegungen, Angstschweiß, komplette Verunsicherung. Du wirst das Baby wie ein rohes Ei behandeln und jeden Schritt dreimal überdenken.

### Phase 2: Wachsende Zuversicht

Nach einer Woche voller Windelwechsel (also etwa 70 Stück) entwickelst Du ein gewisses Selbstvertrauen. Du lernst, dass Babys robuster sind als gedacht und dass ein Windelwechsel kein neurochirurgischer Eingriff ist.

### Phase 3: Einhand-Meister

Nach einem Monat kannst Du Windeln wechseln, während Du telefonierst, Kaffee trinkst oder eine Netflix-Serie schaust. Du könntest vermutlich sogar im Dunkeln oder mit verbundenen Augen eine Windel wechseln.

### Phase 4: Die mobile Herausforderung

Sobald Dein Baby mobil wird, erreicht das Windelwechseln eine neue Schwierigkeitsstufe. Du versuchst nun, eine Windel an einem sich windenden, protestierenden, krabbelnden oder rollenden kleinen Menschen zu befestigen. Dies erfordert die Geschicklichkeit eines Rodeo-Cowboys und die Geduld eines Zen-Meisters.

## Die Anatomie eines Windelwechsels

Ein typischer Windelwechsel folgt diesen universellen Schritten:

1.  **Die Geruchsdetektiv-Phase:** Du schnupperst verdächtig in Richtung Babypopo oder steckst (sehr mutig) einen Finger in den Windelrand, um den Status zu überprüfen.

2.  **Die Vorbereitungsphase:** Du suchst einen geeigneten Ort, breitest die Wickelunterlage aus und legst alle Utensilien in Reichweite.

3.  **Die Enthüllungsphase:** Das Öffnen der Windel, oft begleitet von überraschten Ausrufen oder erleichtertem Aufatmen, je nach Inhalt.

4.  **Die Reinigungsphase:** Ein choreografierter Tanz mit Feuchttüchern und kleinen Beinen, die versuchen, in das soeben gesäuberte Gebiet zurückzukehren.

5.  **Die neue Windel-Phase:** Das Positionieren und Befestigen der frischen Windel, idealerweise bevor ein spontaner Brunnen

oder eine unerwartete weitere Ladung das Prozedere verkompliziert.

6. **Die Abschlussphase:** Wiederanziehen, Händewaschen und das triumphierende Gefühl, wieder einmal erfolgreich gewesen zu sein – zumindest für die nächsten zwei Stunden.

## Die verschiedenen Windel-Inhalte und ihre Bedeutung

Eines der überraschendsten Elemente der Elternschaft ist, wie viel Zeit Du damit verbringen wirst, Dich mit dem Inhalt von Windeln zu beschäftigen. Du wirst:

- Die Farbe analysieren

- Die Konsistenz beschreiben

- Häufigkeit und Menge dokumentieren

- Fotos an den Kinderarzt schicken

- Darüber mit Deinem Partner in einer Detailtiefe diskutieren, die früher undenkbar gewesen wäre

Die Wahrheit ist: Die Windel Deines Babys ist ein Gesundheitsbarometer, und Du wirst schnell zum Experten für die verschiedenen Erscheinungsformen von Babykot – vom "Kindspech" der ersten Tage bis hin zu den überraschenden Veränderungen bei Einführung fester Nahrung.

**Der Wickeltisch: Freund oder Feind?**

Der Wickeltisch ist ein zweischneidiges Schwert. Einerseits bietet er eine bequeme Höhe und (idealerweise) alle nötigen Utensilien in Reichweite. Andererseits ist er ein Ort, an dem die Naturgesetze außer Kraft gesetzt zu sein scheinen:

1. Das Kind, das auf dem Boden keine Minute stillliegen kann, wird auf dem Wickeltisch plötzlich zum Extremsportler.

2. Die Wahrscheinlichkeit, dass ein Baby während des Windelwechsels zusätzlich Ausscheidungen produziert, steigt proportional zum Wert Deiner Kleidung und zur Wichtigkeit des bevorstehenden Termins.

3.  Egal wie gut vorbereitet Du bist – genau das eine Teil, das Du WIRKLICH brauchst (Feuchttücher, Creme, frische Windel), wird unerreichbar sein, sobald Du das Baby auf den Wickeltisch gelegt hast.

---

*SICHERHEITSREGEL #1: Niemals, wirklich NIEMALS, ein Baby unbeaufsichtigt auf dem Wickeltisch lassen, nicht einmal für eine Sekunde. Auch nicht für "Ich hole nur schnell die Windel aus dem Schrank". Babys entwickeln ihre Rollkünste immer genau in dem Moment, in dem Du nicht damit rechnest.*

---

### Die mobile Wickelstation

Mit der Zeit wirst Du feststellen, dass Du überall wickeln kannst – und wirst. Auto-Rücksitze, Parkbänke, Restaurantböden, Museumsecken, Flugzeugtoiletten... Die Welt wird zu Deiner Wickelstation, und Du wirst Orte mit erstaunlicher Geschwindigkeit danach beurteilen, ob sie wickeltauglich sind oder nicht.

**PRO-TIPP:** Eine kleine, immer gepackte Wickeltasche im Auto kann lebensrettend sein. Minimum-Inhalt: 2 Windeln, Feuchttücher, kleine Wickelunterlage, Desinfektionsmittel für Deine Hände, Ersatzkleidung.

### Die explosiven Momente

Früher oder später wirst Du mit dem Phänomen der "Explosionswindel" konfrontiert werden – jener legendären Situation, in der der Inhalt der Windel ihre Grenzen auf spektakuläre Weise überschreitet. Meist passiert dies:

- Während eines wichtigen Familientreffens

- In einem eleganten Restaurant

- Wenn Du gerade die letzte saubere Babykleidung angezogen hast

- Kurz vor einer längeren Autofahrt

- In den Armen der einen Person, die erklärt hat, "mit Babys nicht so gut umgehen zu können"

## Die sozialen Aspekte des Windelwechselns

In der Öffentlichkeit zu wickeln ist eine Lektion in Improvisationskunst und Unverfrorenheit:

- **Die Suche nach dem Wickelraum:** Oft versteckt, manchmal nicht vorhanden, gelegentlich so unhygienisch, dass Du lieber auf einer Parkbank wickelst.

- **Die öffentliche Meinung:** Du wirst überrascht sein, wie viele Fremde eine Meinung dazu haben, wo, wann und wie Du Dein Baby wickeln solltest.

- **Die Wickel-Solidarität:** Du wirst wissende Blicke mit anderen wickelnden Eltern austauschen – eine stille Bruderschaft der Windelbezwinger.

## Fazit zum Windelwechseln

Windelwechseln mag anfangs einschüchternd erscheinen, wird aber schnell zu einer Routine, die Du im Halbschlaf beherrschst. Es ist eine der grundlegendsten Fürsorgemaßnahmen, die Du für Dein Baby übernimmst – und erstaunlicherweise auch ein Moment der Verbindung und der Kommunikation.

Denk daran: Jede Windel bringt Dich einen Schritt näher zum Windelfrei-Sein. Und eines Tages – in einer fernen, fast nicht vorstellbaren Zukunft – wird Dein Kind selbstständig zur Toilette gehen. Bis dahin: Atme durch den Mund, halte Feuchttücher bereit und bewahre Deinen Humor!

**Die große Kommunikationsherausforderung**

Stell Dir vor, Du landest in einem fremden Land, dessen Sprache Du nicht sprichst. Die Einheimischen (in diesem Fall: ein einzelner, sehr fordernder kleiner Mensch) kommunizieren hauptsächlich durch verschiedene Variationen von Schreien, und Du musst irgendwie herausfinden, was sie wollen – und zwar schnell! Willkommen in der faszinierenden Welt der Baby-Kommunikation.

**Die Universalsprache des Weinens**

Weinen ist die erste und wichtigste Kommunikationsmethode Deines Babys. Es ist seine Art zu sagen: "Hey, ich brauche etwas!" Das Problem: Dieses "Etwas" kann alles Mögliche sein, und Babys verwenden nicht unbedingt unterschiedliche Schreie für unterschiedliche Bedürfnisse.

## Der Baby-Bedürfnis-Detektiv

Mit der Zeit wirst Du zum Meisterdetektiv, der die subtilen Hinweise entschlüsselt. Hier sind die häufigsten "Verdächtigen" – Gründe, warum Dein Baby schreit:

### 1. Hunger – Der Klassiker

Anzeichen: Suchreflex (Drehen des Kopfes mit offenem Mund), an den Händchen nuckeln, schmatzende Geräusche.

**Wichtig zu wissen:** Hunger ist oft die erste Vermutung aller Eltern. "Hast Du Hunger?" wird zu Deinem Standardsatz – selbst wenn das Baby gerade vor 10 Minuten gefüttert wurde.

### 2. Müdigkeit – Der heimtückische Verdächtige

Anzeichen: Reiben der Augen, Abwenden des Blicks, Quengeln, Überaktivität.

**Ironischer Twist:** Je müder Babys sind, desto energischer kämpfen sie oft gegen den Schlaf an. Es ist, als hätten sie eine eingebaute Angst, etwas zu verpassen.

### 3. Volle Windel – Das Offensichtliche

Anzeichen: Nun, eine volle Windel. Manchmal riechst Du es, manchmal musst Du nachsehen.

**Überraschender Fakt:** Manche Babys sind erstaunlich tolerant gegenüber vollen Windeln und protestieren erst, wenn die Situation kritisch wird.

### 4. Unbehagen – Der vielseitige Übeltäter

Anzeichen: Unruhe, Zappeln, Anspannen des Körpers.

Mögliche Ursachen:

- Blähungen (begleitet von angezogenen Beinchen)

- Zu heiß oder zu kalt

- Kratzende Kleidungsetiketten (die offensichtlich von Sadisten designt wurden)

- Ein Haar, das sich um einen winzigen Finger gewickelt hat

- Der Schnuller liegt 2 cm außerhalb der Reichweite

- Die Weltordnung im Allgemeinen

### 5. Überstimulation – Der moderne Missetäter

Anzeichen: Abwenden des Blicks, Quengeln, hektische Bewegungen, "Ausschalten" durch Schlafen.

**Modernes Dilemma:** In unserer reizüberfluteten Welt kann selbst ein "normaler" Familiennachmittag mit Gesprächen, Musik, hellen Lichtern und Aktivitäten für ein Baby zu viel sein.

### 6. Langeweile – Der unterschätzte Faktor

Anzeichen: Quengeln, das aufhört, sobald etwas Interessantes passiert.

**Überraschung:** Ja, auch junge Babys können sich langweilen! Sie sind neugierige Wesen, die die Welt entdecken wollen.

## 7. Kontaktbedürfnis – Der Beziehungsfaktor

Anzeichen: Beruhigung durch Körperkontakt, Blickkontakt oder Stimme.

**Wissenschaftlicher Hintergrund:** Babys sind biologisch darauf programmiert, Nähe zu suchen – es ist ein Überlebensmechanismus, kein verwöhnen!

### Die Ausschlussdiagnose

In der Praxis läuft die Entschlüsselung des Babygeschreis oft nach dem Ausschlussprinzip:

1. Hunger? Angeboten, nicht gewollt.

2. Windel? Sauber.

3. Müde? Vielleicht, aber kämpft gegen den Schlaf.

4. Zu warm/kalt? Kleidungsschichten angepasst, keine Besserung.

5. Überstimuliert? In einen ruhigeren Raum gebracht, immer noch unzufrieden.

6. Unterstimuliert? Mobile angeschaltet, kurze Ablenkung, dann wieder Weinen.

7. Will einfach gehalten werden? Bingo! Sofortige Beruhigung beim Aufnehmen.

Bis Du den richtigen "Täter" identifiziert hast, kann es sein, dass Du bereits eine komplette Runde des Baby-Bedürfnis-Karussells gedreht hast.

### Die mysteriöse "witching hour"

Viele Babys haben eine Tageszeit – oft am späten Nachmittag oder frühen Abend – in der sie besonders unruhig und schwer zu beruhigen sind. Diese "Hexenstunde" fällt oft genau in die Zeit, in der auch Deine Energiereserven zur Neige gehen.

### Überlebensstrategien:

- Tag für Tag die gleiche Routine einplanen

- Partner-Wechsel, wenn möglich

- Spaziergang an der frischen Luft

- Weißes Rauschen oder sanfte Musik

- Tragen in Tragetuch oder -sack

- Akzeptieren, dass es eine Phase ist, die vorübergeht

**Jenseits des Weinens – andere Kommunikationsformen**

Mit zunehmendem Alter entwickelt Dein Baby weitere Kommunikations-wege:

**Gurren und Brabbeln**

Die ersten "Konversationen" mit Deinem Baby sind Gold wert. Diese Lautäußerungen sind nicht nur entzückend, sondern wichtige Vorläufer der Sprachentwicklung.

**Interaktionstipp:** Antworte auf das Brabbeln Deines Babys, als würdet ihr ein echtes Gespräch führen. Diese "Protokonversationen" sind wichtig für die Sprachentwicklung.

**Körpersprache und Gestik**

Babys kommunizieren viel über Körpersprache:

- Abwenden des Kopfes = "Genug!"

- Öffnen des Mundes beim Anblick eines Löffels = "Ich bin bereit!"

- Strecken der Arme = "Nimm mich hoch!"

- Zeigen auf Gegenstände = "Was ist das?" oder "Ich will das!"

## Die ersten Worte

Irgendwann zwischen 10 und 14 Monaten kommen oft die ersten erkennbaren Worte. Meistens sind es praktische Begriffe wie "Mama", "Papa", "nein" oder "mehr".

**Realitätscheck:** Die ersten Worte Deines Kindes werden wahrscheinlich nicht "epistemologisch" oder "existentialistisch" sein, egal wie viele Philosophiebücher Du während der Schwangerschaft vorgelesen hast.

**Wenn das Schreien überhandnimmt – Koliken und Co.**

Manche Babys schreien deutlich mehr als andere, manchmal aufgrund von Koliken oder anderen Unbehaglichkeiten. Wenn Du ein besonders schreiendes Baby hast:

1. **Hole Dir Unterstützung!** Von Partner, Familie, Freunden, professionellen Helfern.

2. **Wechselt Euch ab.** Niemand kann stundenlang ein schreiendes Baby beruhigen, ohne selbst an Grenzen zu stoßen.

3. **Es ist okay, das Baby sicher abzulegen und kurz durchzuatmen.** Wenn Du merkst, dass Du die Geduld verlierst, lege das Baby sicher in sein Bettchen, gehe kurz in einen anderen Raum und atme tief durch.

4. **Suche ärztlichen Rat**, wenn das Schreien ungewöhnlich intensiv oder langanhaltend ist oder Dich beunruhigt.

5. **Vergiss nicht: Es ist eine Phase!** Auch wenn es sich endlos anfühlt – es wird besser werden.

## Die Kunst der Baby-Beruhigung

Mit der Zeit wirst Du ein Arsenal an Beruhigungstechniken entwickeln:

- Das Schaukeln in einer bestimmten Frequenz

- Die eine Melodie, die immer funktioniert

- Die spezielle Tragehaltung, die Wunder wirkt

- Der Spaziergang, der fast immer zum Einschlafen führt

- Das Geräusch des Staubsaugers, der Waschmaschine oder des Föhns

**Fazit zur Baby-Kommunikation**

Die Entschlüsselung der Baby-Sprache ist eine Mischung aus Detektivarbeit, Intuition und Versuch-und-Irrtum. Mit der Zeit wirst Du Dein Baby immer besser verstehen und eine Art "sechsten Sinn" für seine Bedürfnisse entwickeln.

Und eines Tages, wenn Dein Kind sprechen kann, wirst Du Dich vielleicht sogar nach den Zeiten zurücksehnen, in denen es nur schrie –

statt endlose "Warum?"-Fragen zu stellen oder "Ich will das nicht!" zu
verkünden.

---

## Die Meilenstein-Besessenheit

Es gibt kaum etwas, das frischgebackene Eltern so beschäftigt wie die Frage: "Ist mein Kind altersgemäß entwickelt?" Plötzlich wird jede kleine Veränderung, jede neue Fähigkeit mit Argusaugen beobachtet, dokumentiert und mit anderen Babys verglichen.

Willkommen in der Welt der Entwicklungsmeilensteine, wo aus entspannten Erwachsenen übereifrige Meilenstein-Jäger werden!

**Die Wahrheit über Meilensteine**

Bevor wir in die Details eintauchen, hier die wichtigste Lektion: **Entwicklungsmeilensteine sind Richtwerte, keine starren Regeln.** Jedes Baby hat sein eigenes Tempo und seinen eigenen Weg. Die in Büchern und Apps angegebenen Altersbereiche sind oft so breit, dass sie praktisch bedeutungslos werden: "Ihr Kind wird irgendwann zwischen 9 und 18 Monaten laufen lernen." Ach, wirklich? Sehr hilfreich!

**Die ersten körperlichen Meilensteine**

**Kopfkontrolle: Der Start in die Vertikale**

**Wann:** Etwa 2-4 Monate **Was passiert:** Dein Baby beginnt, seinen Kopf selbstständig zu halten und aufrecht zu tragen.

**Elternverhalten:** Stundenlange "Tummy Time"-Sitzungen, bei denen Du Dein Baby auf den Bauch legst und es verzweifelt versuchst zu motivieren, den Kopf zu heben, während es Dich anschaut, als hättest Du es auf einer einsamen Insel ausgesetzt.

**Rollen: Die erste Fortbewegungsmethode**

**Wann:** Etwa 4-6 Monate **Was passiert:** Dein Baby rollt sich von Bauch auf Rücken und später von Rücken auf Bauch.

**Elternverhalten:** Du filmst jede Rollbewegung, als wäre es eine olympische Leistung. Du rufst Freunde und Verwandte an: "Stell dir vor, sie hat sich UMGEDREHT!" (Stille am anderen Ende der Leitung)

### Sitzen: Der aufrechte Bürger

**Wann:** Etwa 6-8 Monate **Was passiert:** Dein Baby sitzt zunächst mit Unterstützung, später frei.

**Elternverhalten:** Du baust Kissen-Festungen um Dein Baby herum, um jeden möglichen Sturz abzufedern, und machst 300 Fotos von der ersten freien Sitz-Sekunde.

### Krabbeln: Die Mobilität beginnt

**Wann:** Etwa 7-10 Monate (manche Babys überspringen diesen Schritt!) **Was passiert:** Dein Baby bewegt sich auf allen Vieren fort – oder erfindet seine eigene, einzigartige Fortbewegungsmethode: Robben, Rollen, Po-Rutschen...

**Elternverhalten:** Du realisierst plötzlich, wie ungesichert Dein Zuhause ist, und verbringst ein ganzes Wochenende damit, auf dem Boden zu kriechen und gefährliche Gegenstände zu identifizieren.

### Erste Schritte: Der große Moment

**Wann:** Etwa 9-18 Monate **Was passiert:** Die ersten wackeligen, unsicheren Schritte ohne Festhalten.

**Elternverhalten:** Du filmst jeden Versuch mit dem Eifer eines Dokumentarfilmers. "UND LAUFEN!" rufst Du, als würdest Du ein Rennpferd anfeuern.

### Die kognitiven Meilensteine

### Soziales Lächeln: Der Herz-Schmelzer

**Wann:** Etwa 6-8 Wochen **Was passiert:** Das erste bewusste, soziale Lächeln als Reaktion auf Dein Gesicht oder Deine Stimme.

**Elternverhalten:** Du machst Grimassen und Geräusche, die Du nie vor anderen Erwachsenen machen würdest, nur um dieses Lächeln zu sehen.

### Fremdelphase: Der Vertrauenstest

**Wann:** Etwa 7-9 Monate **Was passiert:** Dein bisher freundliches Baby weint plötzlich beim Anblick von Fremden oder wenn Du den Raum verlässt.

**Elternverhalten:** Du fühlst Dich gleichzeitig geschmeichelt ("Es liebt mich am meisten!") und gefangen ("Ich kann nicht mal mehr auf die Toilette gehen!").

### Erste Worte: Die Sprachexplosion

**Wann:** Etwa 10-14 Monate **Was passiert:** Die ersten erkennbaren Worte tauchen auf.

**Elternverhalten:** Du interpretierst jeden Laut als potenzielles Wort. "Hast Du gehört? Sie hat 'Quantenphysik' gesagt!" (Es war "Ga-ga-ga")

### Die sozialen Meilensteine

### Objektpermanenz: Die große Erkenntnis

**Wann:** Etwa 4-7 Monate **Was passiert:** Dein Baby versteht, dass Dinge und Personen weiter existieren, auch wenn es sie nicht sieht.

**Elternverhalten:** Du spielst stundenlang "Kuckuck", versteckst Dich hinter Deinen Händen und bist jedes Mal wieder begeistert von der Überraschung Deines Babys.

### Zeigen und Teilen: Die ersten sozialen Gesten

**Wann:** Etwa 9-12 Monate **Was passiert:** Dein Baby zeigt auf Dinge, die es interessieren, und bietet Dir Gegenstände an.

**Elternverhalten:** Du reagierst auf jedes Zeigen mit überschwänglicher Begeisterung: "JA! Das ist eine LAMPE! Eine LAMPE! Wie AUFREGEND!"

## Der Vergleichswahnsinn

Trotz besseren Wissens wirst Du Dich dabei ertappen, wie Du Dein Baby mit anderen vergleichst:

- Mit dem Nachbarskind, das angeblich schon mit 10 Monaten lief

- Mit dem Baby aus der Krabbelgruppe, das bereits mit 8 Mona- ten "Mama" sagte

- Mit dem Kind Deiner Schwägerin, das scheinbar alle Meilensteine zwei Monate früher erreichte

**Die goldene Regel:** Ein frühes Erreichen von Meilensteinen sagt nichts über die spätere Intelligenz oder Entwicklung aus. Albert Einstein sprach angeblich erst mit drei Jahren – und das hat seiner Karriere nicht geschadet.

## Die App-Überwachung

In unserer digitalisierten Welt gibt es natürlich Apps für alles – auch für die Überwachung von Babyentwicklung. Diese Apps können hilfreich sein, aber auch zum Wahnsinn treiben:

"Ihr Baby sollte jetzt 4-6 Wörter sprechen. Wenn nicht, konsultieren Sie einen Spezialisten."

*Panik bricht aus*

**Erinnerung:** Diese Apps kennen DEIN Baby nicht. Sie basieren auf Durchschnittswerten und sind kein Ersatz für ärztlichen Rat.

## Wann Du wirklich besorgt sein solltest

Es gibt tatsächlich Anzeichen, bei denen Du aufmerksam werden und gegebenenfalls ärztlichen Rat einholen solltest:

- Verlust bereits erlernter Fähigkeiten

- Deutliche Asymmetrien in der Bewegung

- Fehlendes soziales Lächeln nach 3 Monaten

- Kein Interesse an der Umgebung

- Dein Bauchgefühl sagt Dir, dass etwas nicht stimmt

**Wichtig:** Vertraue Deiner Intuition! Du kennst Dein Baby am besten.

## Das geheime Erfolgsrezept

Das Beste, was Du für die Entwicklung Deines Kindes tun kannst:

1. **Liebe und Zuwendung:** Reagiere auf seine Bedürfnisse.

2. **Interaktion:** Sprich, sing, lies vor – so viel und so oft Du kannst.

3.  **Freiheit zur Erkundung:** Schaffe sichere Räume zum Entdecken.

4.  **Geduld:** Jedes Kind hat sein eigenes Tempo.

5.  **Vertrauen:** In Dein Kind und in Dich selbst als Elternteil.

**Fazit zu den Meilensteinen**

Die ersten Meilensteine Deines Kindes zu beobachten, gehört zu den spannendsten und beglückendsten Erfahrungen der Elternschaft. Genieße jeden kleinen Fortschritt, dokumentiere die besonderen Momente – aber vergleiche nicht zu viel und setze weder Dich noch Dein Kind unter Druck.

Denk daran: Niemand fragt im Vorstellungsgespräch, ob Du mit 10 oder 14 Monaten laufen gelernt hast. Am Ende erreichen fast alle Kinder ihre Meilensteine – jedes auf seine einzigartige Weise und in seinem Tempo.

**Die Theorie-Praxis-Kluft**

Vor der Geburt Deines Kindes hattest Du vermutlich klare Vorstellungen davon, welche Art von Elternteil Du sein würdest. Du hast Bücher gelesen, Artikel studiert, mit anderen Eltern gesprochen und Dir geschworen: "So werde ich es machen" oder "So werde ich es definitiv NICHT machen."

Und dann kam das Baby.

Plötzlich stellst Du fest, dass die wunderschönen Theorien über Erziehung auf die grausame Realität eines schreienden Kindes um 3 Uhr morgens treffen, nach der fünften schlaflosen Nacht in Folge. Willkommen in der Realität der Elternschaft, wo Prinzipien auf Pragmatismus treffen!

## Das große Erziehungsstil-Spektrum

Lass uns einen Blick auf einige der populärsten Erziehungsstile werfen – und wie sie in der Praxis tatsächlich aussehen:

## Attachment Parenting – Die Klett-Methode

**Die Theorie:** Ständiger Körperkontakt, Co-Sleeping, Stillen nach Bedarf, sofortiges Reagieren auf alle Bedürfnisse des Kindes.

**Die Werbung:** "Dein Kind wird selbstbewusst, ausgeglichen und sicher gebunden sein!"

**Die Realität:** Du hast nicht mehr geduscht, seit das Baby geboren wurde, weil es schreit, sobald Du es ablegst. Dein Partner schläft auf der Couch, weil im Familienbett kein Platz mehr ist. Du fragst Dich, ob Du jemals wieder allein auf die Toilette gehen wirst.

**Pro-Tipp:** Nimm, was für Dich und Dein Kind funktioniert, und lass den Rest. Bindung ist wichtig, aber auch Deine Grundbedürfnisse zählen!

## Laissez-faire – Die Freiheitsliebenden

**Die Theorie:** Minimale Einmischung, dem Kind seinen eigenen Raum geben, natürliche Konsequenzen erfahren lassen.

**Die Werbung:** "Dein Kind wird unabhängig, selbstständig und kreativ sein!"

**Die Realität:** Dein Wohnzimmer sieht aus wie nach einem Tornado. Das Kind hat mit Filzstift ein Kunstwerk auf der Wand kreiert. Du erklärst verzweifelt, warum man nicht die Katze füttern sollte, indem man ihr Cornflakes in die Ohren steckt.

**Pro-Tipp:** Freiheit in sicheren Grenzen ist großartig. Absolute Freiheit führt zu Chaos (und teuren Reparaturen).

## Tiger-Eltern – Die Leistungsorientierten

**Die Theorie:** Hohe Erwartungen, strikte Disziplin, Fokus auf Leistung und Exzellenz.

**Die Werbung:** "Dein Kind wird erfolgreich, diszipliniert und leistungsfähig sein!"

**Die Realität:** Du versuchst, Dein 18 Monate altes Kind für die dritte Fremdsprache zu begeistern, während es lieber mit dem Löffel auf den Hochstuhl trommelt. Du hast bereits drei Musikkurse und zwei Frühförderprogramme ausprobiert, aber Dein Kind ist vor allem daran interessiert, Dinge in die Toilette zu werfen.

**Pro-Tipp:** Ambition ist gut, aber ein Kleinkind ist kein MBA-Student. Lass Raum für Spiel und altersgerechte Entwicklung.

## Die Waldorf/Montessori-Anhänger – Die Naturverbundenen

**Die Theorie:** Natürliche Materialien, kindgeführtes Lernen, keine elektronischen Geräte, viel Zeit in der Natur.

**Die Werbung:** "Dein Kind wird kreativ, erdverbunden und ausgeglichen sein!"

**Die Realität:** Dein Lebenspartner fragt, warum alle Spielsachen aus unbehandeltem Holz 300% mehr kosten als normale. Du verbringst Stunden damit, selbstgemachte Knete aus Leinsamen herzustellen, die Dein Kind für die Plastikfigur bei Oma ignoriert. Du fühlst Dich schuldig, wenn Du dem Kind einmal den Tablet-Bildschirm zeigst, damit Du in Ruhe telefonieren kannst.

**Pro-Tipp:** Naturmaterialien und echte Erfahrungen sind wertvoll, aber ein gelegentliches "Paw Patrol"-Video wird Dein Kind nicht ruinieren.

## Die Autoritative – Die goldene Mitte?

**Die Theorie:** Klare Grenzen bei gleichzeitiger Wärme und Responsivität. Konsequenzen, aber mit Erklärungen und Einfühlungsvermögen.

**Die Werbung:** "Der perfekte Mittelweg! Dein Kind wird selbstreguliert, sozial kompetent und dennoch respektvoll sein!"

**Die Realität:** Du versuchst, ruhig und verständnisvoll zu erklären, warum man nicht mit Essen wirft, während innerlich Dein Blutdruck in die Höhe schießt und Du Dich fragst, ob eine klare Ansage "NEIN!" nicht effizienter wäre.

**Pro-Tipp:** Dieser Ansatz funktioniert oft gut, erfordert aber von Dir mehr Geduld und Selbstkontrolle, als Du an manchen Tagen aufbringen kannst – und das ist völlig normal!

## Die Erziehungsstil-Realität

Die Wahrheit, die Dir kaum jemand sagt: Die meisten Eltern wenden eine Mischung aus verschiedenen Stilen an, abhängig von:

- Der Tageszeit (um 3 Uhr morgens gelten andere Regeln)

- Ihrem Erschöpfungsgrad (nach fünf durchgemachten Nächten sinkt die pädagogische Perfektion)

- Dem öffentlichen Druck (im Supermarkt vs. zu Hause)

- Der konkreten Situation (Gefahrensituationen vs. Alltagsentscheidungen)

- Der Persönlichkeit des Kindes (manche reagieren besser auf eine Herangehensweise als andere)

**Die Erziehungsstil-Kriege**

Du wirst feststellen, dass Eltern über Erziehungsstile mit einem Eifer streiten, der religiösen Kreuzzügen in nichts nachsteht. Online-Foren zu Erziehungsthemen eskalieren schneller als politische Debatten.

**Die wichtigste Überlebensstrategie:** Lerne den Satz "Wie interessant, wir machen das ein bisschen anders" und wechsle dann höflich das Thema.

**Die Versöhnung von Ideal und Wirklichkeit**

Hier ist das Geheimnis erfolgreicher Elternschaft: Flexibilität und Selbstvergebung.

1. **Nimm aus jedem Stil, was für DEIN Kind funktioniert.** Jedes Kind ist anders.

2. **Vergib Dir die Momente, in denen Du nicht Dein Ideal erreichst.** Niemand ist 24/7 das perfekte Elternteil.

3. **Beobachte Dein Kind, nicht die Theorien.** Die beste Richtschnur für Dein Handeln ist, wie Dein Kind reagiert.

4. **Denk daran: Konsistenz ist wichtiger als Perfektion.** Kinder brauchen Vorhersehbarkeit, keine Perfektion.

5. **Reflektiere regelmäßig, aber nicht obsessiv.** Lerne aus Fehlern, aber grüble nicht endlos.

**Fazit zu Erziehungsstilen**

Der beste Erziehungsstil ist der, der zu Dir und Deinem Kind passt und der Euch beide gesund, glücklich und verbunden sein lässt. Er wird wahrscheinlich eine einzigartige Mischung sein, die sich mit der Zeit weiterentwickelt.

Und vergiss nicht: Die meisten Kinder gedeihen trotz ihrer Eltern, nicht wegen ihrer Eltern. Solange Du Dein Kind liebst, schützt und seine Grundbedürfnisse erfüllst, wird es wahrscheinlich gut heranwachsen – unabhängig davon, welchem Theoriebuch Du folgst.

**Die neue Beziehungsdynamik**

Stell Dir vor, Du und Dein Partner seid ein gut eingespieltes Tanzpaar. Ihr kennt Eure Schritte, habt Euren Rhythmus und wisst, wie Ihr Euch auf der Tanzfläche bewegt. Dann kommt plötzlich ein neuer Tänzer dazu – ein sehr kleiner, sehr fordernder Tänzer, der die Choreografie nicht kennt, ständig Eure Aufmerksamkeit verlangt und regelmäßig mitten auf der Tanzfläche eine Windel vollmacht.

Willkommen in der neuen Dynamik Eurer Beziehung nach der Geburt eines Kindes!

## Die "Wer hat es schwerer?"-Falle

Eine der gefährlichsten Fallen für frischgebackene Eltern ist der Wettbewerb um das größere Leiden:

**Partner A:** "Ich bin seit 6 Uhr auf den Beinen und habe das Baby dreimal gewickelt, gefüttert und zum Schlaf gebracht!"

**Partner B:** "Ich war 9 Stunden bei der Arbeit, im Stau und musste auf dem Heimweg noch einkaufen!"

Diese Vergleiche führen zu nichts außer Frustration. Die Wahrheit ist: Ihr habt es beide schwer, nur auf unterschiedliche Weise.

**Besserer Ansatz:** Statt zu vergleichen, anerkennt gegenseitig Eure Herausforderungen: "Dein Tag klingt anstrengend. Meiner war auch nicht leicht. Was brauchen wir beide jetzt?"

**Die großen Veränderungen in Eurer Partnerschaft**

**Zeit für Zweisamkeit – Das seltene Gut**

Vor dem Baby: Spontane Date-Nights, lange Gespräche, gemeinsame Hobbys. Nach dem Baby: "Schatz, wir haben 20 Minuten, in denen das Baby schläft. Wollen wir reden, essen, schlafen oder duschen? Such Dir eins aus."

**Überlebensstrategie:** Plant bewusst Zeit als Paar ein, selbst wenn es nur 15 Minuten am Tag sind. Qualität schlägt Quantität!

**Gespräche – Der neue Inhalt**

Vor dem Baby: Träume, Philosophie, Politik, Kultur, Klatsch. Nach dem Baby: Stuhlgang-Konsistenz, Schlafmuster, Milchmengen und die Frage, wer vergessen hat, neue Feuchttücher zu kaufen.

**Überlebensstrategie:** Führt gelegentlich eine "Baby-freie Gesprächszeit" ein, in der andere Themen erlaubt sind.

### Spontaneität – Ein Luxus der Vergangenheit

Vor dem Baby: "Lass uns ins Kino gehen!" – "Okay, los!" Nach dem Baby: Ein Kinobesuch erfordert die logistische Planung einer militärischen Operation mit Babysitter-Rekrutierung, detaillierten Notfallanweisungen und dem ständigen Überprüfen des Telefons während des Films.

**Überlebensstrategie:** Neudefinition von Spontaneität. "Hey, das Baby schläft gerade. Wollen wir in den nächsten 10 Minuten zusammen Kaffee trinken?" ist das neue spontane Date.

### Intimität – Neu definiert

Vor dem Baby: Romantische Spontanität an verschiedenen Orten zu verschiedenen Zeiten. Nach dem Baby: "Das Baby schläft! Schnell, wir haben 7 Minuten!"

**Überlebensstrategie:** Erkennt an, dass diese Phase vorübergehend ist. Pflegt Intimität auch auf nicht-sexuelle Weise: Berührungen, Komplimente, kleine Aufmerksamkeiten.

### Die ungleiche Arbeitsverteilung

Oft entwickelt sich – selbst in zuvor gleichberechtigten Beziehungen – nach der Geburt eine ungleiche Verteilung der Eltern- und Haushaltsarbeit. Dies kann zu Frustration und Ressentiments führen.

### Das mentale Gewicht der Elternschaft

Eine oft übersehene Ungleichheit ist die "mentale Last": Das ständige Denken an Terminplanung, Vorräte, Entwicklungsmeilensteine, Gesundheitsfragen und tausend andere Details des Familienlebens. Diese Last trägt häufig überwiegend ein Partner (oft, aber nicht immer die Mutter).

**Lösungsansatz:** Teilt nicht nur Aufgaben, sondern auch Verantwortungsbereiche. "Du kümmerst Dich komplett um diese Bereiche, inklusive Planung und Durchführung" entlastet mehr als "Sag mir, was ich tun soll".

## Kommunikation in der Erschöpfung

Versucht, selbst in extremer Müdigkeit, bestimmte Kommunikationsregeln zu wahren:

1. **Keine wichtigen Diskussionen nach 22 Uhr oder vor dem Kaffee am Morgen.**

2. **Verwendet "Ich"-Botschaften:** "Ich fühle mich überfordert" wirkt anders als "Du hilfst nie!"

3. **Führt ein Codewort ein** für Momente, in denen einer von Euch kurz vor dem Zusammenbruch steht und sofort Unterstützung braucht.

4. **Vermeidet Absolutismen** wie "immer" und "nie" – sie führen selten zu konstruktiven Gesprächen.

## Praktische Strategien für das Überleben als Paar

### Das Schichtsystem

Teilt die Nacht in Schichten ein, sodass jeder von Euch zumindest einige Stunden ununterbrochenen Schlaf bekommt. Beispiel: Partner A übernimmt 22-2 Uhr, Partner B von 2-6 Uhr.

### Die Fähigkeiten-Balance

Statt alle Aufgaben 50:50 zu teilen, könnt Ihr auch nach Stärken und Vorlieben aufteilen. Wenn Partner A gerne kocht und Partner B lieber badet, nutzt diese natürlichen Neigungen.

### Der regelmäßige Check-in

Plant wöchentliche kurze "Teambesprechungen", um zu evaluieren, was gut läuft und was angepasst werden muss. 15 Minuten können ausreichen!

### Die gegenseitige Auszeit

Gebt einander regelmäßig kleine "Freiheiten": Eine Stunde allein spazieren gehen, ein Bad ohne Störung, ein Treffen mit Freunden. Diese kleinen Pausen können Wunder wirken.

### Die verschiedenen Elternrollen akzeptieren

Akzeptiert, dass Ihr vielleicht unterschiedliche Elternstile entwickelt –
und das ist in Ordnung! Solange grundlegende Sicherheits- und Erzie-
hungswerte übereinstimmen, kann Vielfalt bereichernd sein.

Partner A bringt das Baby vielleicht mit wildem Herumalbern zum Lachen, während Partner B durch ruhiges Kuscheln und Singen beruhigt.
Beide Ansätze sind wertvoll!

**Konflikte als Wachstumschance**

Konflikte sind in dieser herausfordernden Zeit unvermeidlich und – richtig gehandhabt – sogar potenziell bereichernd für Eure Beziehung.

Produktive Konfliktlösung in der Eltern-Partnerschaft:

1. Wählt den richtigen Zeitpunkt (nicht während einer Krise oder
   extremer Müdigkeit).

2. Hört aktiv zu, ohne zu unterbrechen.

3. Fokussiert auf Lösungen, nicht auf Schuldzuweisungen.

4. Erinnert Euch daran, dass Ihr auf der gleichen Seite steht.

**Wenn es wirklich schwierig wird**

Manchmal brauchen auch die besten Teams professionelle Unterstützung. Wenn Ihr feststellt, dass:

- Eure Konflikte eskalieren oder sich wiederholen, ohne Lösung

- Einer oder beide ständig traurig, wütend oder erschöpft sind

- Ihr Euch mehr wie Mitbewohner als Partner fühlt

… dann kann es hilfreich sein, professionelle Beratung in Anspruch zu
nehmen. Dies ist kein Zeichen von Schwäche, sondern von Stärke und
Engagement für Eure Beziehung.

**Fazit zur Partnerschaft mit Kind**

Die Geburt eines Kindes ist einer der größten Belastungstests für eine
Beziehung. Die gute Nachricht: Mit Kommunikation, Flexibilität und ge-
genseitigem Respekt könnt Ihr nicht nur überleben, sondern als Paar
wachsen und Eure Verbindung vertiefen.

Denkt daran: Ihr seid nicht nur Eltern, sondern auch Partner. Beide Rollen verdienen Aufmerksamkeit und Pflege. Und ja, es wird leichter – irgendwann schläft das Kind durch, und Ihr könnt wieder ein ganzes Gespräch führen, ohne das Wort "Windel" zu verwenden.

---

## Die Rettungsschwimmer-Regel

Kennst Du die goldene Regel der Rettungsschwimmer? "Rette Dich selbst, bevor Du andere rettest." Warum? Weil ein ertrunkener Rettungsschwimmer niemandem mehr helfen kann. Genau dasselbe gilt für Eltern – nur dass niemand Dir beim Eltern-Werden diese lebenswichtige Information mitgegeben hat.

Stattdessen kursiert überall die romantische Vorstellung, dass gute Eltern sich komplett selbst aufgeben sollten. Schlaflose Nächte? Ein Zeichen Deiner aufopferungsvollen Liebe! Keine Zeit zum Duschen? Das Abzeichen der Mutterschaft! Du hast seit drei Tagen nichts Warmes gegessen? Herzlichen Glückwunsch, Du bist jetzt offiziell im Eltern-Club!

Aber hier ist die unbequeme Wahrheit: Ein ausgelaugter, erschöpfter, unglücklicher Mensch kann kein großartiger Elternteil sein – egal, wie sehr er sich anstrengt.

## Warum Selbstfürsorge so schwer fällt

### Das Schuld-Monster

Wenn Du als frischgebackenes Elternteil auch nur daran denkst, etwas für Dich selbst zu tun, taucht sofort das Schuld-Monster auf:

"Wie kannst Du an einen Friseurbesuch denken, während Dein Baby Dich braucht?" "Was für eine Mutter/ein Vater würde 30 Minuten alleine spazieren gehen wollen?" "Andere schaffen das doch auch ohne Hilfe!"

Dieses Schuld-Monster ist ein Lügner und sollte ignoriert werden. Es ist das gleiche Monster, das Dir einredet, dass andere Eltern alles im Griff haben, während sie in Wirklichkeit genauso kämpfen wie Du.

### Der Zeitmangel

"Selbstfürsorge? Super Idee! Ich packe es gleich zwischen die 3-Uhr-Fütterung und das 5-Uhr-Aufstehen."

Zeit ist tatsächlich knapp mit einem Neugeborenen. Aber die Wahrheit ist: Selbstfürsorge muss nicht bedeuten, einen ganzen Tag im Spa zu verbringen (obwohl das natürlich großartig wäre).

### Die Mini-Selbstfürsorge-Revolution

Vergiss die Instagram-Version von Selbstfürsorge mit perfekt arrangierten Badebomben und handgeschriebenen Achtsamkeitsjournalen. In der Neugeborenen-Phase geht es um Mikro-Momente der Selbstfürsorge:

### Die 30-Sekunden-Auszeit

• Drei tiefe Atemzüge, während das Baby endlich eingeschlafen ist • Ein Schluck heißer Kaffee, bevor er kalt wird (ein Wunder!) • Ein Moment am offenen Fenster mit geschlossenen Augen • Zehn Sekunden intensives Gesichtsverzerren, um angestaute Gefühle loszuwerden

### Die 5-Minuten-Inseln

• Eine ultraschnelle Dusche, während das Baby sicher im Babysitz vor dem Duschvorhang sitzt • Ein Telefonat mit einer Freundin, während Du mit dem Kinderwagen spazieren gehst • Eine Tasse Tee trinken und dabei AUS DEM FENSTER schauen (statt auf Baby-Apps oder Wäscheberge) • Dein Lieblingslied hören und dabei wie wild mittanzen (Bonus: Babys finden tanzende Erwachsene oft hochgradig unterhaltsam)

### Die physische Selbstfürsorge für Zombies
### Schlaf: Das neue Gold

Vor dem Baby war Schlaf etwas Selbstverständliches. Jetzt ist es wertvoller als Kryptowährung. Hier sind einige unorthodoxe Schlafstrategien:

• **Die Schichtarbeit:** Wenn zwei Elternteile verfügbar sind, teilt die Nacht in Schichten. Vier Stunden ununterbrochener Schlaf sind besser als acht unterbrochene Stunden.

• **Der Power-Nap-Ninja:** Lerne, in unmöglichen Situationen zu schlafen – während das Baby auf Dir liegt, im Sitzen, sogar im Stehen (mit Anlehnung).

• **Die Prioritätenverschiebung:** Wenn das Baby schläft, schlaf auch Du. Die Spülmaschine kann warten, Dein Gehirn nicht.

### Ernährung für Einhandesser

Die Herausforderung: Du hast meist nur eine Hand frei und maximal 90 Sekunden Zeit, bevor die nächste Baby-Krise ausbricht. Die Lösung:

• Vorgekochte Mahlzeiten in portionsgerechten Behältern einfrieren • Snacks strategisch in der ganzen Wohnung verteilen (wie ein Eichhörnchen) • Lebensmittellieferdienst als legitime Selbstfürsorge betrachten • Nährstoffreiche Smoothies trinken, statt Mahlzeiten zu kauen

### Bewegung neu definieren

Vergiss den Trainingsplan aus der Vor-Baby-Zeit. Jetzt gilt:

• Baby-Tragen ist Gewichtstraining • Kinderwagen-Spaziergänge sind Cardio • Mit Baby tanzen ist Intervalltraining • Aufstehen und Hinsetzen mit 5kg Baby ist ein Ganzkörperworkout

## Die mentale Selbstfürsorge für erschöpfte Gehirne

### Identitätserhaltung

Nach einigen Wochen als Elternteil kann es passieren, dass Du Dich nur noch als wandelnde Milchbar/Windelmachine/Schlafcoach identifizierst. Vergiss nicht, dass Du auch noch Du selbst bist:

• Behalte ein Hobby bei, auch wenn Du es stark modifizieren musst (15 Minuten lesen statt einem ganzen Buch, ein schnelles Handyspiel statt Gaming-Marathon)

• Trage gelegentlich Kleidung, die Du magst und in der Du Dich wohlfühlst, selbst wenn sie unpraktisch ist

• Sprich manchmal über Dinge, die nichts mit dem Baby zu tun haben

### Das Gedanken-Detox

Die Baby-Zeit ist emotional intensiv. Gib Deinen Gedanken Raum:

• Sprich ehrlich mit anderen Eltern – ohne zu beschönigen • Führe ein "Ehrlichkeits-Tagebuch" (Stichworte reichen völlig) • Erlaube Dir, manchmal auch negative Gefühle zu haben

### Die Kunst, Hilfe anzunehmen

Viele von uns wurden darauf konditioniert zu glauben, dass Hilfe annehmen eine Schwäche ist. In der Elternschaft ist das Gegenteil der Fall: Hilfe annehmen ist eine Superspezialkraft!

**Die Hilfe-Annahme für Anfänger**

1. **Erstelle eine konkrete Hilfsliste** für Menschen, die fragen "Kann ich etwas tun?":
   - Eine Mahlzeit mitbringen
   - Eine Stunde mit dem Baby spazieren gehen, während Du schläfst
   - Eine Ladung Wäsche waschen und zusammenlegen
   - Einkäufe mitbringen
2. **Übe den Satz:** "Ja, das würde mir sehr helfen." Nicht "Nein, ich schaffe das schon", nicht "Ach, Du musst nicht..." – einfach "Ja, danke."
3. **Verstehe, dass die meisten Menschen GERNE helfen.** Du gibst ihnen die Gelegenheit, sich gut zu fühlen, wenn Du ihre Hilfe annimmst.

**Die Partnerschafts-Selbstfürsorge**

Falls Du einen Partner/eine Partnerin hast, ist es wichtig, dass ihr euch gegenseitig Selbstfürsorge-Zeit ermöglicht:

• **Die Freizeit-Rotation:** Jeder bekommt regelmäßig Zeit für sich selbst – fair aufgeteilt, klar kommuniziert, ohne Schuldgefühle.

• **Die Bedürfnis-Verhandlung:** Sprecht konkret darüber, was jeder braucht, um nicht durchzudrehen. "Ich brauche 20 Minuten allein im Bad" ist eine legitime Anforderung.

• **Die Anerkennungs-Praxis:** Dankt einander regelmäßig für die Dinge, die der andere tut. Wertschätzung ist ein mächtiges Antidepressivum.

**Wann Du professionelle Hilfe suchen solltest**

Babyblues sind normal und betreffen die meisten frischgebackenen Mütter. Aber es gibt eine Grenze zwischen normalem Anpassungsstress und ernsteren Problemen wie postpartaler Depression oder Angststörungen.

Suche Hilfe, wenn: • Du anhaltende Traurigkeit oder emotionale Leere spürst • Du dich von deinem Baby distanziert oder entfremdet fühlst • Du unter ständigen unkontrollierbaren Ängsten leidest • Du Gedanken hast, Dir oder dem Baby zu schaden • Du kaum schlafen kannst, selbst wenn das Baby schläft • Alltägliche Aufgaben unüberwindbar erscheinen

Diese Symptome sind behandelbar! Frühzeitige Hilfe macht einen enormen Unterschied.

### Das Mantra der überlebenden Eltern

Drucke es aus, klebe es an den Kühlschrank, tätowiere es Dir auf den Arm (oder zumindest auf einen Post-it an den Badezimmerspiegel):

"Ich kann ein besseres Elternteil sein, wenn es mir selbst gut geht." "Selbstfürsorge ist kein Luxus, sondern eine Notwendigkeit." "Man kann nicht aus einem leeren Becher gießen."

### Fazit: Die Rettung naht

Die intensivste Zeit der Babybetreuung geht vorbei. Wirklich. Irgendwann schläft Dein Kind durch, isst selbstständig und geht sogar auf die Toilette, ohne dass Du applaudieren musst.

Bis dahin gilt: Überleben ist Erfolg. Jeder Tag, an dem alle gefüttert, einigermaßen sauber und am Leben sind, ist ein Gewinn. Wenn Du zusätzlich noch fünf Minuten für Dich selbst gefunden hast – herzlichen Glückwunsch, Du bist ein Selbstfürsorge-Ninja!

Und vergiss nicht: Die Tatsache, dass Du Dir Gedanken um Selbstfürsorge machst, zeigt bereits, dass Du ein verantwortungsvolles Elternteil bist. Du hast das verstanden, was viele erst nach Jahren begreifen: Nur wer für sich selbst sorgt, kann langfristig gut für andere sorgen.

Nun geh und nimm Dir diese fünf Minuten – Du hast sie verdient!

### Der große Schritt in die weite Welt

Der Kindergarten – die erste Bildungseinrichtung, in der Dein Kind ohne Deine permanente Aufsicht überleben muss. Ein Meilenstein, der bei vielen Eltern einen emotionalen Tsunami auslöst: Stolz, Erleichterung, Panik und das Gefühl, dass Dein Baby unmöglich schon alt genug sein kann für diesen Schritt – obwohl es Dich gestern noch um 5:27 Uhr morgens mit der philosophischen Frage geweckt hat, warum Dinosaurier keine Fahrräder hatten.

### Die Kindergartenplatz-Odyssee

In vielen Regionen beginnt die Kindergartenzeit nicht mit der Eingewöhnung, sondern mit der epischen Suche nach einem Platz. Willkommen im Hunger Games der frühkindlichen Bildung!

**Strategie 1: Der Frühstart** Du meldest Dein Kind an, bevor der Schwangerschaftstest getrocknet ist. "Aber ich bin noch nicht schwanger!" – "Machen Sie sich keine Sorgen, wir haben noch Plätze für 2029."

**Strategie 2: Das Networking** Du beginnst, mit allen Erzieherinnen der Stadt Freundschaft zu schließen. Plötzlich interessierst Du Dich sehr für Makramee, weil die Kita-Leiterin der örtlichen Knotkunst-Gruppe angehört.

**Strategie 3: Die Verzweiflung** "Würden Sie auch ein Kind nehmen, das sehr... äh... selbstständig ist? Ein bisschen wie ein junger Wolf, aber mit besseren Tischmanieren?"

## Die Eingewöhnung – Ein Trennungsdrama in drei Akten

### Akt 1: Die Vorbereitung

Du kaufst den perfekten Kindergartenrucksack, beschriftest jeden einzelnen Buntstift, übst das Schuhe-Anziehen bis zur Perfektion und erklärst Deinem Kind 87-mal, wie großartig der Kindergarten wird.

**Akt 2: Der erste Tag**

**Szenario A:** Dein Kind rennt ohne Blick zurück in den Gruppenraum, während Du in der Garderobe stehst und Dich fragst, ob Du jemals wichtig warst.

**Szenario B:** Dein Kind klammert sich an Deinen Knöchel mit der Kraft eines olympischen Gewichthebers, während die Erzieherin Dich mit diesem "Wir haben das schon tausendmal erlebt"-Blick ansieht und sanft vorschlägt, dass Du jetzt gehen könntest.

**Akt 3: Die Nachbereitung**

Egal wie der erste Tag verlief, am Abend wirst Du emotional sein:

- Weil Dein Kind so schnell groß wird
- Weil Du zum ersten Mal seit Jahren drei Stunden am Stück Zeit für Dich hattest
- Weil Du diese drei Stunden damit verbracht hast, in Sichtweite des Kindergartens im Auto zu sitzen, falls ein Notfall eintritt

## Die neue Dimension der Krankheiten

Der Kindergarten ist nicht nur ein Ort der frühkindlichen Bildung, sondern auch ein hocheffizientes Verteilungszentrum für sämtliche Viren und Bakterien im Umkreis von 50 Kilometern.

**Die erste Erkältungswelle:** "Es ist nur eine kleine Eingewöhnungserkältung," sagt die Erzieherin fröhlich, während Dein Kind Schleim in Mengen produziert, die physikalischen Gesetzen widersprechen.

**Die Magendarm-Sinfonie:** Du wirst Oberflächen in Deinem Zuhause reinigen, von deren Existenz Du bisher nichts wusstest.

**Die Hand-Fuß-Mund-Erfahrung:** Eine Krankheit, die klingt, als hätte sie ein Komitee benannt, das keine Lust auf kreative Namen hatte.

**Pro-Tipp:** Investiere in Desinfektionsmittel, Fieberthermometer und waschbare Sofabezüge. Und vielleicht in eine Spritzschutz-Anzug für Dich selbst.

### Die Kunstwerke-Inflation

Ab jetzt wirst Du wöchentlich mit Kunstwerken beschenkt, die zwischen "abstrakter Expressionismus" und "hat jemand die Farbtöpfe umgeworfen?" einzuordnen sind.

**Phase 1:** Du bewahrst jedes einzelne Papier sorgfältig auf und rahmst die besten Stücke ein.

**Phase 2:** Du wählst strategisch aus, was Du aufhebst, und fotografierst den Rest.

**Phase 3:** "Oh, wie

schön! Das kommt genau hier an den... äh... lass uns ein Foto davon machen für das digitale Familienalbum!"

## Die Kindergartenfreundschaften

Dein Kind wird neue beste Freunde finden – oft täglich wechselnd.

**Montag:** "Lena ist meine allerbeste Freundin für immer!" **Dienstag:** "Ich spiele nie wieder mit Lena. NIEMALS." **Mittwoch:** "Wer ist Lena?"

Diese Freundschaften bedeuten auch: neue Elternkontakte. Du wirst Menschen kennenlernen, mit denen Du nichts gemeinsam hast, außer der Tatsache, dass eure Kinder gerne gemeinsam Sandkuchen backen. Aus manchen werden überraschende Freundschaften entstehen, mit anderen wirst Du meisterhaft das Smalltalk-beim-Abholen perfektionieren.

### Die Kindergartenevents

Vorbereite Dich auf eine neue soziale Agenda:

**Das Laternenfest:** Du bastelst um Mitternacht eine Laterne, weil die erste Version "nicht schön genug" war.

**Die Weihnachtsfeier:** 20 Kinder singen mehr oder weniger synchron "Schneeflöckchen", während 40 Eltern ihre Handys in die Höhe recken wie bei einem Beyoncé-Konzert.

**Das Sommerfest:** Du sitzt auf einem winzigen Stuhl, isst selbstgemachten Kuchen und nimmst an Spielen teil, bei denen Du Dich fragst, ob sie als Teambuilding-Maßnahme oder als subtile Elterndemütigung gedacht sind.

### Die Abschiedsphase

Nach zwei bis vier Jahren ist die Kindergartenzeit plötzlich vorbei. Dein Kind hat sich von einem Kleinkind, das Schwierigkeiten hatte, allein zu trinken, in einen selbstbewussten Mini-Menschen verwandelt, der Dir erklären kann, warum Regenwürmer wichtig sind und wie man Konflikte mit Worten löst (zumindest theoretisch).

Du packst die letzte Brotdose ein, holst die letzten 378 Kunstwerke ab und wunderst Dich, wie die Zeit so schnell vergehen konnte.

Und dann – bevor Du Dich versehen kannst – steht der nächste große Schritt bevor: die Grundschule. Aber keine Sorge, das wird ein Kinderspiel sein... oder?

**Willkommen in der Liga der ernsthaften Bildung**

Der Eintritt in die Grundschule markiert den offiziellen Übergang: Dein Kind ist jetzt ein Schulkind. Es trägt einen Ranzen, der größer ist als es selbst, hat einen eigenen Stundenplan und wird bald Wörter lesen können, die Du vor ihm zu verstecken versuchst.

**Die Einschulungsvorbereitung**

**Die Schultüte – Kunstprojekt oder Statusobjekt?**

Die Vorbereitung auf den ersten Schultag beginnt etwa ein Jahr vor der Einschulung mit der strategischen Planung der perfekten Schultüte:

**Option 1: Die Selbstgemachte** Du verbringst 14 Abende damit, YouTube-Tutorials anzusehen und Deine Finger mit Heißkleber zu verbrennen, um eine Schultüte zu basteln, die aussieht, als hätte ein professioneller Origami-Künstler sie entworfen.

**Option 2: Die Gekaufte** Du kaufst eine vorgefertigte Schultüte und verbringst dann 14 Abende damit, sie so zu "personalisieren", dass niemand merkt, dass sie gekauft ist.

**Die Ranzen-Entscheidung**

Der Schulranzen ist nicht einfach ein Transportmittel für Bücher – er ist das erste modische Statement Deines Kindes in der Schule. Die Auswahl erfolgt nach strengen Kriterien:

- Er muss trendy sein (laut Kind)
- Er muss ergonomisch sein (laut Dir)
- Er muss robust sein (laut Großeltern)
- Er darf nicht der gleiche sein wie der von Kevin aus dem Kindergarten (absolute Priorität)

Der Preis eines hochwertigen Schulranzens wird Dich dazu bringen, Dich zu fragen, ob er aus handgewobenem Gold besteht oder vielleicht heimlich auch Hausaufgaben erledigen kann.

**Der erste Schultag – Emotionales Karussell mit Fotosession**

Der erste Schultag ist ein emotionales Ereignis für alle Beteiligten:

**Dein Kind:** Aufgeregt, nervös und überwältigt von der neuen Schultüte, die mittlerweile so voll ist, dass sie als Sportgerät dienen könnte.

**Du:** Eine komplizierte Mischung aus Stolz, Wehmut und der brennenden Frage, ob Du genug Taschentücher eingepackt hast – für Dein Kind oder für Dich selbst, das ist noch unklar.

**Die Großeltern:** In ihrer besten Garderobe, als wäre die Einschulung eine königliche Hochzeit, bewaffnet mit Kameras und der festen Absicht, jeden Millimeter des Ereignisses zu dokumentieren.

Die Fotomenge dieses Tages wird nur von Hochzeiten und der Geburt selbst übertroffen. Dein Kind wird in mehr Posen fotografiert als ein professionelles Model, meist neben der Schultüte, die mit jeder Minute schwerer zu halten scheint.

### Hausaufgaben – Der neue Familienkonflikt

Mit der Grundschule hält ein neues Ritual Einzug in euren Alltag: die Hausaufgaben. Was in Deiner Vorstellung ein ruhiger, pädagogisch wertvoller Moment sein sollte, entpuppt sich oft als tägliches Kräftemessen.

**Was Du erwartest:** Dein Kind sitzt motiviert am Schreibtisch und löst Aufgaben, während Du in der Nähe bist, um gelegentlich eine hilfreiche Erklärung zu geben.

**Die Realität:** "Ich habe keine Hausaufgaben auf." "Doch, hier steht es im Hausaufgabenheft." "Das ist von letzter Woche!" "Nein, hier ist das heutige Datum." "Ich habe es aber schon in der Schule gemacht." "Zeig mal." "Ähm, ich habe es im Kopf gemacht."

### Die Evolution der Elternabende

Die Elternabende in der Grundschule sind eine eigene Sozialstudien-Veranstaltung:

**Der erste Elternabend:** Du kommst 15 Minuten zu früh, hast einen Notizblock dabei und stellst durchdachte Fragen. Du meldest Dich freiwillig für den Elternbeirat.

**Elternabend in der 2. Klasse:** Du kommst pünktlich, nickst an den richtigen Stellen und versuchst, nicht als Elternvertreter gewählt zu werden.

**Elternabend in der 4. Klasse:** Du huschst 5 Minuten zu spät hinein, setzt Dich in die letzte Reihe und hast Snacks in der Tasche versteckt.

## Die Grundschul-Freundschaftsdramen

Die sozialen Dynamiken der Grundschule können komplexer sein als die Handlung einer Telenovela:

**Montag:** "Emma ist meine beste Freundin für immer und ewig!" **Dienstag:** "Emma hat mit Mia gespielt und nicht mit mir!" **Mittwoch:** "Ich habe mit Jakob eine Heiratsabmachung getroffen." **Donnerstag:** "Jakob ist doof, weil er nicht mit mir Fußball spielen wollte." **Freitag:** "Emma und ich sind wieder beste Freundinnen, und wir haben beschlossen, dass Mia auch in unserem Club sein darf."

Deine Aufgabe: Mit ernster Miene zuhören, emotionale Unterstützung bieten und Dir merken, wer gerade Freund oder Feind ist, ohne jemals abfällige Kommentare über andere Kinder zu machen.

**Schulprojekte – Oder: Wer hat hier eigentlich Hausaufgaben?**

Irgendwann wird Dein Kind mit der Ankündigung nach Hause kommen: "Wir müssen bis morgen ein Plakat über den Wasserkreislauf machen." Dieser Satz enthält zwei wichtige Informationen:

1. Die Aufgabe wurde vor zwei Wochen gestellt.
2. Mit "wir" ist die gesamte Familie gemeint.

Du wirst Dich um 22 Uhr dabei erwischen, wie Du Wattebälle als Wolken auf ein Poster klebst und Dich fragst, wann genau Du wieder zur Schule gegangen bist.

Irgendwann kommen sie: die ersten Noten. Und damit die große Frage: Wie reagiert man richtig?

**Bei guten Noten:** Freuen, aber nicht übertreiben, damit Dein Kind nicht denkt, sein Wert hänge von Schulleistungen ab.

**Bei schlechten Noten:** Unterstützen, aber nicht dramatisieren, damit Dein Kind nicht denkt, sein Wert hänge von Schulleistungen ab.

Einfach, oder?

## Die Wandlung der Geburtstagsfeiern

Grundschul-Geburtstage entwickeln sich zu logistischen Meisterleistungen:

**Jahr 1:** Sorgfältig geplante thematische Party zu Hause mit selbstgemachter Deko und Pinterest-würdigen Spielen.

**Jahr 2:** Ausgelagerte Feier im Kinderparadies/Schwimmbad/Kletterpark, wo andere die Unterhaltung übernehmen, während Du nur für Kuchen und Geschenketüten verantwortlich bist.

**Jahr 3:** "Was hältst Du davon, wenn wir nur Deine drei besten Freunde ins Kino einladen?"

**Jahr 4:** "Wie wäre es mit einem schönen Familienessen und Du darfst Dir ein größeres Geschenk wünschen?"

**Der Abschied von der Grundschule**

Nach vier Jahren (die gleichzeitig wie eine Ewigkeit und wie ein Wimpernschlag vergangen sind) steht der Abschied von der Grundschule an. Aus dem kleinen Menschen, der am ersten Schultag kaum über den Tisch schauen konnte, ist ein selbstbewusstes Kind geworden, das komplizierte Texte lesen, multiplizieren und Dir erklären kann, warum Deine Musikauswahl "cringe" ist.

Der Abschied ist emotional: Du sammelst für das Abschiedsgeschenk der Lehrerin, sitzt bei der Abschlussfeier und versuchst, nicht zu offensichtlich zu weinen, während die Klasse ein rührendes Lied singt.

Und dann, plötzlich, steht der nächste große Schritt bevor: die weiterführende Schule. Eine neue Welt mit neuen Herausforderungen, mehr Lehrern, mehr Fächern und – oh Schreck – der langsamen Annäherung an die Pubertät.

## Der große Sprung ins Ungewisse

Der Wechsel auf die weiterführende Schule ist, als würde man sein Kind von der gemütlichen Kinderplanschbecken-Liga in das olympische Schwimmbecken befördern. Plötzlich ist alles größer, schneller, komplexer – und Dein Kind mittendrin, mit einem Stundenplan, der aussieht wie eine Excel-Tabelle eines überambitionierten Projektmanagers.

**Die Schulwahl – Oder: Wie man die Zukunft vorhersagt**

Bevor es losgeht, steht die epische Entscheidung an: Welche Schule soll es sein? Eine Entscheidung, bei der Du Dich fühlst, als müsstest Du gleichzeitig die Persönlichkeit, Begabungen und zukünftigen Karrierewünsche Deines 10-jährigen Kindes vorhersagen.

**Die Infoabend-Tour** Du besuchst mehr Schulinfoveranstaltungen als Konzerte in Deinem gesamten Leben. Jede Schule präsentiert sich als die perfekte Mischung aus Harvard, Hogwarts und einer skandinavischen Vorzeige-Bildungseinrichtung.

**Die Einflussfaktoren**
- "Da gehen alle seine Freunde hin!"
- "Die haben eine tolle Theater-AG!"
- "Der Schulweg ist kürzer!"
- "Meine Schwägerin hat gehört, dass die Mathelehrerin dort sehr gut sein soll!"
- "Die Kantine hat Pizza am Mittwoch!"
- 

**Die finale Entscheidung** Am Ende triffst Du eine Entscheidung basierend auf einer komplexen Berechnung aus Bauchgefühl, Schulrankings, Empfehlungen und dem Gesichtsausdruck Deines Kindes beim Schulrundgang.

# Der erste Schultag 2.0

Der erste Tag an der neuen Schule ist eine Mischung aus Aufregung und Panik – für Dich mehr als für Dein Kind:

**Dein Kind:** Versucht cool zu wirken, während es innerlich zwischen Vorfreude und Nervosität schwankt.

**Du:** Versuchst, nicht zu weinen/zu klammern/Ratschläge zu rufen, während Dein Kind davongeht.

Der Unterschied zum ersten Grundschultag: Diesmal gibt es definitiv kein Foto von Dir und Deinem Kind vor dem Schulgebäude. Der Versuch, ein solches zu machen, würde mit einem "Maaaaamaaa/Paaaapaaaa, nicht hier!" quittiert werden.

### Das neue Normal: Organisationschaos

Die weiterführende Schule bringt eine neue Dimension des Organisierens mit sich:

**Der Stundenplan:** Ein komplexes System aus A- und B-Wochen, Doppelstunden und Freistunden, das selbst erfahrene Luft- und Raumfahrtingenieure verwirren würde.

**Die Materialschlacht:** Jedes Fach hat eigene Anforderungen. Heftfarben sind plötzlich von entscheidender Bedeutung. "Nein, Mama/Papa, Mathe MUSS blau sein, sonst kann ich mich nicht konzentrieren!"

**Die Bücherberge:** Der Schulranzen Deines Kindes wiegt jetzt mehr als ein kleiner Kühlschrank. Du beginnst, Dich über Skoliose zu informieren.

### Die neue Lehrerdynamik

Statt einer Klassenlehrerin, die Dein Kind vier Jahre lang begleitet hat, gibt es jetzt ein verwirrend großes Kollegium:

**Die Namenflut** "Wie war es in der Schule?" "Gut." "Was habt ihr gemacht?" "Frau Müller war krank, und dann kam Herr Schmidt, aber eigentlich hätten wir Herrn Dr. Meier gehabt, nur der ist auf Klassenfahrt mit den 8ern." "Und wer sind diese Menschen?"

**Die Elternsprechtag-Marathon** Der Elternsprechtag wird zu einem Staffellauf durch das Schulgebäude, bei dem Du versuchst, in fünfminütigen Slots mit acht verschiedenen Lehrern zu sprechen und dabei nicht zu spät zu kommen oder Dich in den endlosen Fluren zu verirren.

### Die Hausaufgaben-Evolution

Die Hausaufgaben werden komplexer, umfangreicher und mysteriöser:

**Das Informationsparadox** "Hast Du Hausaufgaben auf?" "Nein." "Aber hier steht etwas im Schulplaner." "Ach das. Das ist keine Hausaufgabe, das ist nur eine Vorbereitung für die Klassenarbeit." "Ist das nicht das Gleiche?" "Gar nicht! Hausaufgaben MUSS man machen, Vorbereitungen sind freiwillig." "..."

**Das Prokrastinations-Meisterwerk** Die Fähigkeit Deines Kindes, ein einfaches Arbeitsblatt auf eine dreistündige Odyssee auszudehnen, wird neue Höhen erreichen. Diese Odyssee beinhaltet:

- 15 Minuten Stiftsuche
- 20 Minuten Diskussion, warum diese Aufgabe sinnlos ist
- 5 Minuten tatsächliche Arbeit
- 30 Minuten plötzlich dringende Zimmeraufräumaktion
- 45 Minuten erklären, warum man ohne Snack nicht denken kann
- 5 Minuten tatsächliche Arbeit
- 

### Die Pubertäts-Vorboten

Während der ersten Jahre auf der weiterführenden Schule wirst Du die ersten Anzeichen der nahenden Pubertät bemerken:

**Die Kommunikationsveränderung** Die ausführlichen Erzählungen nach der Schule werden ersetzt durch: "Wie war es in der Schule?"

"Normal." "Was habt ihr gemacht?" "Nichts." "Mit wem hast Du gesprochen?" "Leuten."

**Die Geschmackswandlung** Plötzlich sind Dinge, die noch vor sechs
Monaten geliebt wurden, "total kindisch". Das betrifft Kleidung, Musik,
Hobbys und manchmal sogar Dich.

**Die Privatsphäre-Revolution** Das Kinderzimmer, einst ein öffentli-
cher Raum, wird nun zum Hochsicherheitstrakt mit unsichtbaren "Betreten verboten"-Schildern.

## Die Klassenfahr-Trauma

Irgendwann steht die erste mehrtägige Klassenfahrt an – ein Ereignis,
das Du mit einer Mischung aus Erleichterung (endlich mal durchschlafen!)
und Sorge (wird mein Kind überleben?) betrachtest.

**Die Packlisten-Schlacht** Die Schule schickt eine zweiseitige Pack-
liste. Dein Kind behauptet, nur drei T-Shirts und ein Handy zu brauchen.
Die Verhandlungen beginnen.

**Die Kommunikations-Unsicherheit** "Soll ich anrufen oder nicht?
Wenn ich anrufe, bin ich überfürsorglich. Wenn ich nicht anrufe, bin ich
desinteressiert. Vielleicht eine kurze SMS? Oder ist das auch zu viel?"

**Die Rückkehr** Dein Kind kehrt zurück: müde, schmutzig, mit Ge-
schichten, die Du nie ganz hören wirst, und mit einer Tasche voller Kleidung, die aussieht, als hätte sie einen Monat in einem Sumpf verbracht.

**Die soziale Komplexität**

Die sozialen Dynamiken werden in der weiterführenden Schule komplexer als quantenphysikalische Gleichungen:

**Die Freundeskreis-Verschiebung** Die alten Grundschulfreunde
werden möglicherweise durch neue ersetzt – oder schlimmer: durch

"coole" Kinder, die Du noch nie getroffen hast und deren Namen Du nur in mysteriösen Gesprächsfetzen hörst.

**Die sozialen Medien-Frage** Irgendwann kommt die unvermeidliche Frage: "Alle anderen haben schon Instagram/TikTok/Snapchat. Wann darf ich das haben?"

Die darauffolgende Diskussion wird mehr Verhandlungsgeschick erfordern als internationale Friedensgespräche.

**Fazit: Das große Loslassen beginnt**

Die weiterführende Schule markiert den Beginn einer neuen Phase: Dein Kind bewegt sich langsam, aber sicher in Richtung Selbstständigkeit. Deine Rolle wandelt sich vom Manager zum Coach – manchmal gewollt, oft ungewollt.

Es ist eine Zeit der Anpassung für euch beide. Während Dein Kind lernt, in einer komplexeren Umgebung zu navigieren, lernst Du, weniger zu kontrollieren und mehr zu vertrauen.

Und gerade, wenn Du denkst, Du hast Dich an diese neue Normalität gewöhnt, steht die nächste große Herausforderung vor der Tür: die Pubertät. Aber keine Sorge, das wird nur... intensiv.

## Kapitel 14: Dein Kind kommt in die Pubertät

**Willkommen in der Achterbahn ohne Sicherheitsgurt**

Die Pubertät ist wie ein Überraschungsbesuch von Hurrikan, Erdbeben und Vulkanausbruch – gleichzeitig. Der liebevolle, kommunikative kleine Mensch, den Du großgezogen hast, verwandelt sich manchmal innerhalb weniger Monate in einen mürrischen Fremden mit unberechenbaren Emotionsausbrüchen und der plötzlichen Fähigkeit, mit einem einzigen Augenrollen Dein Selbstwertgefühl zu pulverisieren.

Aber keine Sorge – irgendwann nach dem 20. Lebensjahr wird Dein Kind wieder zu einem angenehmen Gesprächspartner. Vielleicht.

**Die körperlichen Veränderungen – Und wie man darüber (nicht) spricht**

Die Pubertät bringt körperliche Veränderungen mit sich, die für alle Beteiligten peinlich sein können:

**Das große Wachstum** Über Nacht scheint Dein Kind 10 cm gewachsen zu sein. Plötzlich passen keine Hosen mehr, und Du kannst beim Elternabend Dein eigenes Kind übersehen, weil es größer ist als Du.

**Die Hygienegespräche** Der Moment, in dem Du erklären musst, dass tägliches Duschen keine optionale Aktivität ist, sondern eine gesellschaftliche Notwendigkeit. Dieser Hinweis wird mit einer Mischung aus Beleidigung und Verwirrung aufgenommen: "Ich hab doch letzte Woche geduscht!"

**Die peinlichen Einkäufe** Ob BHs, Rasierer oder andere pubertätsbedingte Utensilien – diese Einkäufe sind für alle Beteiligten ein Minenfeld der Verlegenheit. Dein Teenager würde lieber barfuß über Lego-Steine laufen, als mit Dir gemeinsam an der Kasse zu stehen.

### Die emotionalen Achterbahnfahrten

Die hormonellen Veränderungen im Teenager-Gehirn produzieren emotionale Schwankungen, die selbst erfahrene Achterbahnfahrer schwindelig machen würden:

**Die Fünf-Minuten-Transformation** 08:00 Uhr: Lächelndes Kind beim Frühstück 08:05 Uhr: Tobender Teenager, weil die falsche Müslischale benutzt wurde

**Die Traumatische Kleinigkeit** Was für Dich eine belanglose Bemerkung ist ("Vielleicht ein anderes T-Shirt?"), kann für Deinen Teenager eine existenzielle Krise auslösen, die mit zugeschlagenen Türen und dem dramatischen Ausruf "Niemand versteht mich JEMALS!" endet.

**Die Gefühlsverstecke** Frage: "Wie geht es Dir?" Antwort eines 8-Jährigen: Eine 15-minütige Abhandlung über jeden emotionalen Zustand des Tages. Antwort eines 14-Jährigen: "Gut." (Übersetzung: Könnte alles bedeuten von "Ich bin überglücklich" bis "Die Welt geht unter, aber ich würde eher sterben als mit Dir darüber zu reden.")

### Die Privatsphäre-Revolution

Das Zimmer Deines Teenagers wird zum exterritorialen Gebiet mit strengeren Grenzen als manche Nationalstaaten:

**Die Türproblematik** Die Tür wird zum symbolischen Schlachtfeld. Geschlossen bedeutet "Betreten bei Todesstrafe verboten". Offengelassen bedeutet "Ich bin temporär gnädig."

**Die neue Unordnung** Die Definition von "aufgeräumt" erfährt eine drastische Neuinterpretation. Solange man theoretisch noch den Boden sehen könnte, wenn man all die Kleidungsberge entfernen würde, gilt das Zimmer als "praktisch klinisch sauber".

**Die archäologischen Entdeckungen** Gelegentliche Expeditionen in dieses Territorium fördern verschollene Teller, längst vermisste Socken und Hausaufgaben zutage, die "definitiv nie ausgeteilt wurden".

### Die Kommunikations-Wüste

Die einstmals blühende Gesprächslandschaft verdorrt in der Pubertät zu einer kargen Kommunikations-Wüste:

**Das Einsilben-Phänomen** Frage: "Wie war die Schule heute?" Antwort eines 8-Jährigen: "Super! Wir haben Frösche seziert und Lisa hat fast gekotzt und dann hat der Lehrer erzählt, dass..." Antwort eines 14-Jährigen: "Okay."

**Die Gesprächs-Timings** Die Bereitschaft eines Teenagers zu reden, folgt mysteriösen kosmischen Zyklen:

- Während Du arbeitest/telefonierst/auf der Toilette bist: Plötzlicher Redeschwall
- Wenn Du gezielt nach einem Gespräch fragst: Totale Kommunikationsverweigerung
- Um 23:17 Uhr, wenn Du fast eingeschlafen bist: "Können wir kurz über den Sinn des Lebens reden?"
- 

**Die Smartphone-Symbiose** Das Handy wird zum körperlichen Anhängsel. Jeder Versuch, eine handyfreie Zone zu schaffen, wird mit der gleichen Empörung aufgenommen wie der Vorschlag, Atmen könnte optional sein.

### Die Schulische Achterbahnfahrt

Die schulischen Herausforderungen nehmen zu – ebenso wie Deine Machtlosigkeit, direkt einzugreifen:

**Die Motivationskrise** Plötzlich scheint jedes schulische Interesse zu verdampfen. Fächer, die einst geliebt wurden, werden nun mit den Worten "Was bringt mir das später?" abgetan.

**Die Hausaufgaben-Geheimniskrämerei** "Hast Du Hausaufgaben?" "Nein." "Aber hier steht was im Schulportal." "Ach DAS. Das ist für nächsten Monat." [Drei Wochen später, 22:30 Uhr] "Ich brauche übrigens bis morgen ein Plakat über den Klimawandel und fünf Zeugenaussagen von Eisbären."

**Der Elternabend-Horror** Elternabende werden zu Expeditionen ins Ungewisse. Dein Kind beschwört Dich, "nichts Peinliches" zu sagen – wobei "peinlich" alles einschließt von "Hallo" bis zum Atmen in Gegenwart anderer Eltern.

### Die sozialen Medien und digitalen Dramen

Die Pubertät im digitalen Zeitalter bringt ganz neue Herausforderungen mit sich:

**Die App-Flut** Kaum hast Du verstanden, wie eine Plattform funktioniert, ist sie schon "total out" und durch drei neue ersetzt worden.

**Die digitale Identitätskrise** Dein Kind pflegt online möglicherweise eine völlig andere Persönlichkeit als offline. Online: Eloquente Diskussionen über Umweltschutz. Offline: Unfähig, die eigene Wasserflasche aufzuheben.

**Die Bildschirmzeit-Kriege** Der tägliche Kampf um angemessene Bildschirmzeit wird mit der Intensität internationaler Friedensverhandlungen geführt. Deine sorgfältig recherchierten Argumente über Gehirnentwicklung prallen an der Logik "Aber alle anderen dürfen unbegrenzt!" ab.

### Die Freundeskreis-Revolution

Der soziale Kreis Deines Kindes verändert sich schneller als Mode-Trends:

**Die neuen Freunde** Plötzlich tauchen Namen auf, die Du noch nie gehört hast. Wenn Du nachfragst, wer diese Menschen sind, erntest Du nur ein genervtes "Kennst Du nicht."

**Die sozialen Experimente** Dein Kind probiert verschiedene soziale Gruppen, Stile und Identitäten aus – manchmal wöchentlich wechselnd. Was letzte Woche noch "voll cool" war, ist diese Woche "total cringe".

**Die ersten Dates** Irgendwann kommt das Thema Dates oder Beziehungen auf. Deine gut vorbereiteten Gespräche über Respekt und gesunde Beziehungen werden mit einem "Papa/Mama, BITTE STOP!" unterbrochen, lange bevor Du zum Kern der Sache kommst.

### Die Identitätssuche

Die Pubertät ist eine Zeit intensiver Identitätssuche – und Du darfst aus der ersten Reihe zusehen:

**Die Stil-Experimente** Die Garderobe durchläuft radikale Änderungen. Vom plötzlichen Interesse an teuren Marken bis hin zu Phasen, in denen ausschließlich Schwarz getragen wird – jede Woche kann ein neues modisches Abenteuer bringen.

**Die Meinungs-Eruption** Dein einst anpassungsfähiges Kind entwickelt plötzlich starke Meinungen zu allem – von Politik über Umweltschutz bis hin zu Deiner Kochkunst. Diese Meinungen werden mit der Überzeugung vorgetragen, dass nur ein vollkommener Idiot anderer Ansicht sein könnte.

**Die Abgrenzungs-Mission:** Was immer Du magst, wird systematisch abgelehnt. Deine Lieblingsmusik ist "peinlich", Deine Witze sind "cringe", und Deine modischen Entscheidungen sind ein "Verbrechen gegen die Menschheit".

### Die Eltern-Herausforderungen

Während Dein Kind durch die Pubertät navigiert, stellst Du fest, dass auch Du eine steile Lernkurve durchläufst:

**Die Geduldsübungen** Deine Fähigkeit, tief durchzuatmen und bis zehn zu zählen, erreicht olympisches Niveau.

**Das Loslassen-Lernen** Du musst lernen, die Kontrolle abzugeben und Deinem Kind mehr Autonomie zu gewähren – auch wenn es bedeutet, es manchmal Fehler machen zu lassen.

**Die nächtlichen Sorgen** In den stillen Nachtstunden wirst Du wach liegen und Dich fragen: "Ist das normal? Habe ich etwas falsch gemacht? Wird er/sie jemals wieder mit mir sprechen wollen?"

### Wie man überlebt

Einige Überlebensstrategien für die Pubertätsphase:

1. **Nimm es nicht persönlich** Die Launen, der Rückzug, die Kritik – nichts davon ist wirklich gegen Dich gerichtet. Es sind Symptome einer sich entwickelnden Persönlichkeit.
2. **Wähle Deine Kämpfe** Nicht jedes Problem erfordert eine Konfrontation. Überlege: "Wird dies in fünf Jahren noch wichtig sein?"
3. **Bewahre Humor** Manchmal ist Lachen (diskret, nicht über Dein Kind) die einzige Möglichkeit, den Tag zu überstehen.
4. **Suche Verbündete** Andere Eltern von Teenagern verstehen Deine Situation besser als jeder andere. Findet Trost in geteiltem Leiden.
5. **Erinnere Dich daran, dass es eine Phase ist,** Diese turbulente Zeit wird vorübergehen. Irgendwann – möglicherweise, wenn Dein Kind selbst Kinder hat – wird es verstehen, was Du durchgemacht hast.

### Das Licht am Ende des Tunnels

Trotz aller Herausforderungen bietet die Pubertät auch wunderbare Momente:

- Du beobachtest, wie ein einzigartiger Erwachsener entsteht.
- Du entdeckst neue Seiten an Deinem Kind – Leidenschaften, Talente, Überzeugungen.
- Die seltenen Momente echter Verbindung werden umso kostbarer.

Und irgendwann, wenn der hormonelle Sturm nachlässt, wirst Du feststellen, dass aus dem widersprüchlichen Teenager ein junger Erwachsener geworden ist, der – Überraschung! – tatsächlich wieder mit Dir sprechen kann.

---

Kapitel 15: Dein Kind hat eine Freundin/einen Freund und will ausziehen

### Die Realität des Erwachsenwerdens trifft Dich

Es gibt bestimmte Momente, die Dir schonungslos klarmachen, dass Dein "kleines" Kind tatsächlich erwachsen wird:

- Der erste eigenständige Führerschein
- Der erste richtige Job
- Die erste ernsthafte Beziehung
- Und dann, der Paukenschlag: "Ich ziehe aus"

Plötzlich realisierst Du, dass das Projekt "Kind großziehen" tatsächlich ein Enddatum hat – und es ist nicht mehr in ferner Zukunft.

### Die erste ernsthafte Beziehung

Irgendwann kommt der Tag, an dem Dein Kind jemanden nach Hause bringt, der offensichtlich mehr als "nur ein Freund" ist. Dieser Moment markiert eine neue Ära in Eurer Beziehung:

### Das erste Kennenlernen – Ein diplomatischer Balanceakt

**Deine inneren Gedanken vs. Was Du sagst:** "Ist dieser Mensch gut genug für mein Kind?" vs. "Schön, Dich kennenzulernen!" "Was sind Deine langfristigen Absichten?" vs. "Möchtest Du noch mehr Salat?" "Weißt Du, dass ich Zugang zu einer Schaufel und einem abgelegenen Waldstück habe?" vs. "Was studierst Du denn?"

### Die neuen Regeln des Zusammenlebens

Mit einer ernsthaften Beziehung kommen neue Fragen der Haushaltsführung:

**Die Übernachtungsfrage** Eine Frage, die selbst die liberalsten Eltern ins Grübeln bringt: Dürfen sie im gleichen Zimmer schlafen? Die Antwort hängt von Euren Werten, dem Alter Deines Kindes und Deiner Fähigkeit ab, akustisch belastende Situationen zu ignorieren.

**Die Anwesenheitsdauer** Der Partner/die Partnerin scheint langsam bei Euch einzuziehen – durch die Hintertür. Erst ist er/sie nur zum Abendessen da, dann zum Übernachten, dann zum Wäschewaschen, und plötzlich hat diese Person eine eigene Zahnbürste in Eurem Bad und kennt den WLAN-Code besser als Du.

### Die Beziehungsdramen

Mit jeder Beziehung kommen potenzielle Dramen – und Du musst entscheiden, wie viel Unterstützung Du anbietest:

### Die Balance zwischen Einmischung und Unterstützung

- Zu viel Einmischung: "Du verdienst jemand Besseres!"
- Zu wenig Unterstützung: "Das ist Dein Problem, kümmere Dich selbst darum."
- Die goldene Mitte: "Ich bin da, wenn Du reden willst, aber ich respektiere, dass dies Deine Beziehung ist."
-

**Die Post-Streit-Beratung:** Nach einem Streit mit dem Partner sucht Dein Kind vielleicht Deinen Rat. Vorsicht: Alles, was Du über den Partner sagst, kann später gegen Dich verwendet werden, wenn sie sich wieder versöhnen.

### Die Auszugspläne – Vom Nest ins eigene Leben

Irgendwann kommt der Moment, in dem Dein Kind verkündet: "Ich ziehe aus." Diese Ankündigung kann verschiedene Formen annehmen:

### Szenario 1: Das Studium in einer anderen Stadt

Die klassische erste Ausflugsvariante. Dein Kind zieht wegen des Studiums weg, was bedeutet:

**Die Umzugslogistik** Du stellst fest, dass Dein Kind in 18+ Jahren erstaunlich viele Besitztümer angesammelt hat, die nun alle in einen winzigen Kleinwagen passen müssen.

**Die Wohnungsbesichtigung** Du begleitest Dein Kind zur Besichtigung von Studentenwohnungen und musst den Impuls unterdrücken, sofort zu schrubben, nach Schimmel zu suchen und den Vermieter nach seiner Kriminalakte zu fragen.

**Die erste Woche** Die Textnachrichten-Frequenz erreicht ein historisches Hoch: "Wie kocht man Nudeln?" "Ist es normal, dass die Waschmaschine diese Geräusche macht?" "Kann man Schimmel einfach überstreichen?"

## Szenario 2:
### Der Auszug mit dem Partner/der Partnerin
Dein Kind entscheidet sich, mit dem Partner/der Partnerin zusammenzuziehen – ein großer Schritt in Richtung "ernsthafter Erwachsener":

**Die gemischten Gefühle** Einerseits freust Du Dich, dass Dein Kind eine bedeutsame Beziehung hat. Andererseits fragst Du Dich, ob sie wirklich bereit sind, gemeinsam zu entscheiden, welche Küchenhandtücher gekauft werden sollen, ohne einen existenziellen Streit zu führen.

**Die praktischen Ratschläge** Du gibst Tipps zur Haushaltsführung, die mit einer Mischung aus "Das weiß ich schon" und heimlicher Notizaufnahme aufgenommen werden.

### Szenario 3: Der Selbstständigkeitsdrang
Manchmal will Dein Kind einfach unabhängig sein – ein gesunder, wenn auch emotional herausfordernder Schritt:

**Die Wohnungssuche im Realitäts-Check** Dein Kind hat möglicherweise unrealistische Vorstellungen von Wohnungspreisen vs. Qualität. Die erste Konfrontation mit der Realität des Wohnungsmarktes kann zu temporärer Depression führen.

**Die finanziellen Diskussionen** Die Frage "Wie viel kostet eigentlich..." wird plötzlich sehr häufig gestellt, gefolgt von schockiertem Schweigen.

### Die leere-Nest-Phase

Und dann ist es soweit: Dein Kind ist ausgezogen. Das Zuhause fühlt sich seltsam ruhig an. Zu ruhig.

### Die emotionale Achterbahnfahrt

**Die Traurigkeit** Du vermisst die Geräusche, die Energie, sogar das Chaos. Du erwischst Dich dabei, wie Du vor dem leeren Zimmer stehst und in Erinnerungen schwelgst.

**Die Erleichterung** Gleichzeitig stellst Du fest, dass der Kühlschrank länger voll bleibt, die Waschmaschine nicht ständig läuft und niemand Deine Lieblingssnacks aufisst.

**Die Identitätsfrage** "Wer bin ich, wenn nicht mehr primär Mama/Papa?" Diese Frage kann zu einer Mini-Existenzkrise oder einer aufregenden Neuentdeckung führen.

### Die neue Form der Beziehung

Der Auszug markiert nicht das Ende Eurer Beziehung, sondern den Beginn einer neuen Phase:

**Die erwachsene Freundschaft** Langsam entwickelt sich eine neue Art der Beziehung – nicht mehr primär Eltern-Kind, sondern zunehmend auf Augenhöhe.

**Die neuen Kommunikationswege:** Statt alltäglicher Face-to-Face-Gespräche gibt es nun regelmäßige Anrufe, Textnachrichten und Besuche. Das Timing ist dabei interessant: Die Anrufhäufigkeit korreliert oft mit leerem Kühlschrank oder anstehender Wäsche.

**Die Besuchs-Dynamik** Die ersten Besuche folgen einem vorherseh-
baren Muster:

1. Ankunft mit Bergen schmutziger Wäsche
2. Leeren Deines Kühlschranks
3. Schlafen für ungewöhnlich lange Zeiträume
4. Abreise mit sauberer Wäsche und Tupperdosen voller Essen
5.

**Die Rückkehr des Nestflüchtlings**

Statistisch gesehen ist die Wahrscheinlichkeit hoch, dass Dein Kind zumindest vorübergehend wieder zurückkehrt:

**Die temporäre Heimkehr**

Gründe können sein:

- Semesterferien
- Beziehungsende
- Finanzkrise
- Jobwechsel
- Die Erkenntnis, dass Selbstständigkeit anstrengender ist als ge-
  dacht
- 

**Die neue Dynamik unter einem Dach**

Wenn Dein erwachsenes Kind zurückkehrt, entsteht eine interessante
Mischung aus alten und neuen Verhaltensmustern:

**Der Regelkonflikt** Dein Kind hat als unabhängiger Erwachsener ge-
lebt und kommt nun zurück in ein System mit Haushaltsregeln. Die Frage
"Wann muss ich zu Hause sein?" wird ersetzt durch "Ich bin erwachsen,
ich kann so lange wegbleiben, wie ich will" – was theoretisch stimmt, aber
in der Praxis zu 3-Uhr-morgens-Textnachrichten führt: "Bist Du noch
wach? Mach Dir keine Sorgen, ich komme später."

**Die Haushaltspartizipation** Die Erwartungen an Mithilfe im Haushalt führen zu faszinierenden Diskussionen über die Definition von "aufgeräumt" und wie oft ein Badezimmer gereinigt werden sollte.

### Die langfristige Eltern-Kind-Beziehung

Mit der Zeit etabliert sich eine neue, reifere Form der Beziehung:

### Die Rollenumkehr

Irgendwann beginnt Dein Kind, Dir Ratschläge zu geben – zu Technologie, Gesundheit oder sogar Beziehungen. Dies ist sowohl irritierend als auch rührend.

### Die Großeltern-Perspektive

Wenn Dein Kind selbst Kinder bekommt, erreicht die Beziehung eine völlig neue Dimension. Du hast die Freude der Großelternschaft ohne die volle Verantwortung der Elternschaft (ein Arrangement, das viele als "die perfekte Rache" bezeichnen).

### Die späte Wertschätzung

Eines der schönsten Geschenke des Erwachsenwerdens Deines Kindes: Eines Tages wird es sagen: "Ich verstehe jetzt, was Du durchgemacht hast" oder "Danke für alles, was Du für mich getan hast" – möglicherweise erst, wenn es selbst Kinder hat.

### Fazit: Mission erfüllt?

Die Erziehung eines Kindes zum selbstständigen Erwachsenen ist das ultimative Ziel aller Eltern – auch wenn es emotional komplex ist, dieses Ziel tatsächlich zu erreichen.

Wenn Dein Kind ausziehen will, bedeutet das im Grunde: Du hast Deinen Job gut gemacht. Du hast einen Menschen erzogen, der bereit ist, sein eigenes Leben zu führen. Das ist gleichzeitig herausfordernd und zutiefst befriedigend.

Die Wahrheit ist: Die Elternschaft endet nie wirklich. Sie verändert sich nur. Die Bindung bleibt, die Liebe bleibt, und die Sorge (leider) auch. Aber dazu kommt etwas Wunderbares: die Möglichkeit, eine neue Art von Beziehung zu einem Erwachsenen aufzubauen, den Du von seinen ersten Atemzügen an kennst.

Und wenn Du gelegentlich in einem unerwarteten Moment in Tränen ausbrichst, weil Du ein altes Kuscheltier findest oder ein Kinderfoto siehst

– das ist völlig normal. Teil Deines Herzens wird immer dieses kleine Kind gehören, das Deine Hand hielt und glaubte, Du könntest alles reparieren.

---

– das ist völlig normal. Teil Deines Herzens wird immer dieses kleine Kind gehören, das Deine Hand hielt und glaubte, Du könntest alles reparieren.

**Nachwort: Die Kreise des Lebens**

So, liebe Leserin, lieber Leser, Du hast es geschafft – von den chaotischen Tagen mit Neugeborenen bis zum emotionalen Moment des Ausziehens. Die Kindererziehung ist eine Reise ohne Vergleich: anstrengend, erschöpfend, herzzerreißend, komisch, wunderschön und letztendlich das erfüllendste Abenteuer, das wir Menschen erleben können.

Wenn Dein Kind sein eigenes Leben beginnt, schließt sich ein Kreis. Vielleicht erinnerst Du Dich jetzt an Deine eigenen Eltern und verstehst plötzlich ihre Sorgen, ihre Regeln und ihre unbeholfenen Versuche, cool zu sein, auf eine völlig neue Weise.

Und irgendwann, wenn Dein Kind eigene Kinder hat, beginnt der Kreis von Neuem. Du sitzt dann mit einem Kaffee da, beobachtest die Kämpfe der jungen Eltern mit schlechtsitzenden Windeln, den ersten Trotzanfällen und den endlosen "Warum"-Fragen, und ein kleines, nur leicht schadenfrohes Lächeln huscht über Dein Gesicht.

Die Erziehung eines Kindes ist wie das Schreiben einer Geschichte – mit dem Unterschied, dass Du nur den Anfang bestimmen kannst. Den Mittelteil gestaltet ihr gemeinsam, und das Ende schreibt Dein Kind selbst. Und gerade das macht diese Geschichte so spannend.

Sei stolz auf Dich. Egal, wo Du gerade auf dieser Reise stehst – von den ersten überwältigenden Tagen mit einem Neugeborenen bis zum emotionalen Abschied beim Auszug – Du machst den wichtigsten Job der Welt. Und selbst wenn Du das Gefühl hast, keine Ahnung zu haben, was Du tust (ein Gefühl, das alle Eltern kennen) – allein die Tatsache, dass Du Dir darüber Gedanken machst, zeigt, dass Du auf dem richtigen Weg bist.

Denn letztendlich ist die Essenz der Elternschaft nicht Perfektion, sondern Liebe, Hingabe und die Bereitschaft, jeden Tag aufs Neue zu versuchen, ein bisschen besser zu sein als gestern.

Alles Gute auf Deinem weiteren Weg!

Dein Autor Roman Schneider

(Der immer noch manchmal vor verschlossenen Kinderzimmertüren steht und sich fragt, wie aus dem Baby, das nicht allein einschlafen konnte, ein Mensch werden konnte, der jetzt eigenständig eine Steuererklärung macht.)

Über den Autor:

Roman Schneider hat selbst als Patchwork-Papa Kinder großgezogen, eigene und später die der eigenen Partnerin. Schon vor der Geburt des ersten Kindes hat er die ersten Ratschläge bekommen: Die einen rieten, die Frau soll so lange stillen, wie es eben nur geht und die anderen, man soll möglichst früh die Flasche geben, dann kann man besser schlafen.
Was denn nun?

Zwischendurch gab es immer wieder Situationen, wo er kurz vor dem gefühlten Wahnsinn stand, weil die Welt unterzugehen drohte. Ob es das minderjährige Mädchen war, was plötzlich von einem doppelt so alten Papagallo am Strand entdeckt wurde oder der Junge, für den Schule zwischendurch nicht so wichtig erschien.

Letztendlich ist aus allen Kindern was geworden. Alle haben einen Beruf, wo sie glücklich zu sein scheinen und alle verdienen so viel Geld, dass es zu mehr als dem bloßen Überleben reicht. Für das Kindergroßziehen braucht es keinen Führerschein, nur zum Autofahren. Roman Schneider hat daher dieses komprimierte 1x1 geschrieben, um jungen Eltern wenigstens eine Richtschnur an die Hand zu geben, wie man Kinder optimalerweise erzieht.
Schneider lebt im südbadischen Freiburg und ist mittlerweile in der Phase, in der alle Kinder ausgezogen sind und auf eigenen Beinen stehen.
Projekt gelungen.